ASAHI SENSHO

朝日選書 939

超高齢社会の法律、何が問題なのか

樋口範雄

朝日新聞出版

超高齢社会の法律、何が問題なのか／目次

本文イラスト・ヨシタケシンスケ

超高齢社会の法律、何が問題なのか

樋口範雄

はじめに

わが国は「超高齢社会」である（人口の21％以上が65歳以上の社会は、もはや高齢社会ではなく、超高齢社会だそうだ）。そのうえに人口減少が進む。総務省が２０１５年４月17日に公表した推計（２０１４年10月１日現在の推計値）では、65歳以上人口は26％、日本人人口は１億２５４３万１０００人で、前年に比べ27万３０００人（０・22％）減少した。人口の減少幅は拡大し、さらに問題とされるのは、年少人口（０〜14歳）の減り方である。１６２３万３０００人という数字は、前年より15万７０００人の減少を意味する。それに対し、65歳以上（つまり高齢者の）人口は３３００万人で、前年よりも１１０万２０００人増加し、初めて年少人口の２倍を超えた。しかも８人に一人が75歳以上だという。

ただ、数字が苦手な私のような者には、このような数字を並べられても、どうにもピンとこない。むしろ、日本の現状は、テレビ・コマーシャルや新聞の広告欄で高齢者を対象とするものが急に多くなったことで実感する。健康食品、健康器具、アンチ・エイジングで自分を若く見せるための製品（美容製品、カツラや増毛剤など）、さらには高齢者用住まいやお墓まで、高齢者をターゲットとするさまざまな広告宣伝が本当に目立つようになった。

高齢者をターゲットとするのは企業だけではない。報道されるニュースでも。試しに、朝日新聞の2015年4月半ばの記事を対象として、「高齢者」をキー・ワードにして検索すると、それだけで次のような記事が出てくる。

「上京してくれ詐欺、急増　不慣れな地方高齢者狙う」（4月14日）（いわゆるオレオレ詐欺などの特殊詐欺が、名前も変え手法も変えて多様化しているという記事）

「いつの間にか養子縁組、遺産相続の遺言書　認知症社会」（4月19日）

「（認知症社会）年金の日、あの子が来る　娘婿ら、大半持って行った」（4月18日）

「健康寿命延伸と排泄トラブルの密接な関係が実態調査で明らかに」（4月17日）

「投票所遠く『自力で行けぬ』」（4月17日）

「高齢者虐待の疑い1510施設　暴行や介護放棄。NPO調査、2012年以降」（4月11日）

まだまだいくつでも出てくる。ニュースだから、どうしても暗いものが多い。それでも、ただ暗くなっていても意味はないから、積極的に現状に立ち向かおうとする記事もある。

「コンビニ、介護・健康に商機　相談窓口・血液検査・弁当を宅配」（4月7日）

「介護・保育、同じ施設で提供　厚労省、人材活用策を検討」（4月14日）

本書もまた、超高齢社会に、暗くならないで立ち向かおうとする試みである。しかも法律の視点から。法というと難しくて、しかもどちらかといえば敬遠したいものだと考えるかもしれない。実はそんなことはないし、法を少し変えるだけで、社会をもっと住みやすく変えることもできる（もちろんその逆も可能だが）。実際には、法は超高齢社会のスピードについて行けていない。何よりもその現状を知る必要がある。それを指摘して改める方向性を示すことができたらというのが、本書を著した目的である。

本書の構成は、次のようなものである。

第1章では、高齢者が直面する問題の大半は、実は法律問題だということを確認する。たとえば認知症患者の急増が大きな問題となっているが、91歳の認知症患者が引き起こした鉄道事故が名古屋で訴訟になった。名古屋高裁は当時85歳だった妻に賠償責任ありとし、新聞等でも大きく取り上げられた。この事件を例にとって、高齢者問題が法律問題であるばかりでなく、法と法律家のあり方を変えていく必要性がある点を強調することにする。

次に、第2章では、あらためて「超高齢社会」と呼ばれるわが国の現状を確認する。巷間いわれる「2025年問題」とは何か。私たちの社会はどのように変化し、あるいは今後変化していくのか。それに対し、どのような法や法律家が必要なのか。

第3章では医療の問題を扱う。高齢者になれば、誰でも多かれ少なかれ心身ともに弱ってきて医療のお世話になることが多くなる。そこでは何が問題か。

第4章では成年後見制度を取り上げる。2000年から始まった成年後見制度に本当に期待していてよいのかが、大きな課題である。

第5章では、高齢者の住まいの問題に目を向ける。特別養護老人ホームから、民間の高級老人ホームまで、さまざまな施設があり、他方で何とか在宅で暮らせないかという希望もある。どのような選択が可能か、それぞれの高齢者にとって何が必要か。

第6章では、高齢者の経済的基盤や財産管理とその承継(相続・遺言)を扱う。高齢者と呼ばれる時間が延びている中で、どうやって日々の暮らしを成り立たせるか、財産管理が難しくなったらどうするか、さらに自らの死後における家族への配慮など、重要な課題がいくつもある。

最後に、第7章では、その他の問題のいくつかをピック・アップしたうえで、本書のまとめを行う。誰もが死を免れない以上、高齢者が何を残せるかが大きな課題であり、そのためにも、法や法律家は何ができるか、今のままでは大した役に立てないとすればどのような「改革」が必要かを考えることにしたい。

第1章　高齢者問題は法律問題

私は、2013年から3年続けて、高齢者法という授業を、勤めている法学部で行っている。2013年は「アメリカ高齢者法」。アメリカの高齢者法についての最も簡単な概説書（第4章で出てくるフロリック教授の著書である）を、学生たちと一緒に読んだ。そして、そこで扱われている問題が、わが国でも同じか、違いはあるか、法的な対応を比較してみると何がわかるかを議論した。

2014年は、真正面から日本の「高齢者法」を対象にした。方法として、高齢者が直面するさまざまな課題に精通している人たちを毎回ゲストとして迎え（あとがきでゲストのお名前も紹介する）、その話を聞きながら、それぞれの場面で、法的な課題や法律家の役割を考えようという形にした。決して、私が一方的に講義を行うものではなかった。実際、そんなことは私には無理だったから（それにおそらく誰にとっても）。高齢者をめぐる問題はさまざまにあって、法のあらゆる領域に及び、すべてを知る法律家を見いだすのはきわめて難しい。しかも、この授業で取り扱うことのできた課題で高齢者の問題をすべて網羅したわけでもない。

2015年には、アメリカ高齢者法の第一人者であるミズーリ州立大学教授のイングリッシュ教授に来てもらい、「アメリカ高齢者法」の集中講義をしてもらった。あらためて高齢社会の問題が普遍的であることを実感すると同時に、違いもあることなどさまざまなことを学んだ。たとえば、わが国では、特別養護老人ホームへの入居を待つ人が50万人以上いるというと、アメリカではナーシング・ホームに入りたいという老人はまずいないという。そもそも彼がロー・スクール（弁護士を養成する大学院）で高齢者法を講義しているのは20年以上前からだそうだ。イングリッシュ教授は、法律家は、人々の退職後、あるいは老後の生活プランを助ける重要な役割があると力説したが、その役割を果たすことのできる弁護士の養成を20年以上前から行ってきているわけである。その後、私は、2015年秋に、これらの経験をもとに高齢者法という授業を行った（この本が刊行されるときにはまだその最中のはずである）。

高齢者問題の広がりを示すために、2014年にゲストを迎えて行った13回の授業で取り上げた課題を示してみよう。それは次のようなものだった。

第1回　人口構造の変容の諸相とインパクト

第2回　医療上の決定（終末期医療）
第3回　在宅での医療
第4回　高齢者への医療給付制度・介護保険制度など
第5回　高齢者の住まい、特養・療養施設など
第6回　高齢者の住宅問題
第7回　成年後見と成年後見に代わる制度
第8回　財産管理と信託・相続
第9回　年金
第10回　高齢者と職業・社会参加
第11回　情報化の進展と高齢者
第12回　高齢者と移動・交通
第13回　高齢者虐待・高齢者と犯罪

3年間にわたるこれらの経験は、私にとって大いに有用だった。少なくとも3つのことがわかった。次の3点である。

①　高齢者の問題は法律問題でもある（ただし、それはみんなが裁判に巻き込まれるという

意味ではない。裁判になるような事件にならなくとも、日常的に、法律家の助言を必要とする場面が多いという意味である)。

② それにもかかわらず、法も法律家もそれに対処できていない。

③ そして、最も重要な点として、超高齢社会を乗り切るためにも法改革と法律家の自己変革が必要である。本書はそれを書き留めるためのノートである。以下、これら3つの点を少し説明してみよう。

複雑な手続、身近な弁護士の不足――高齢者と法の3つのポイント

① 高齢者をめぐる問題は、医療、住まい、財産管理、日々の暮らし、自らの死後への配慮など多岐にわたっている。重要な点は、そのいずれにも法律問題が絡んでくるところである。知らぬ間に超高齢社会と呼ばれるようになったわが国では、それだけ高齢者と呼ばれる人の数が急激に増えている。高齢者として生きる時間も大いに伸びた(2015年7月30日発表の平成26年簡易生命表では寿命が大きく伸びたからで、男80・50歳、女86・83歳である)。したがって、これらの人たちが直面する法律問題も、量的に見て飛躍的に増加しているはずである。ある社会保障の専門家の嘆きを聞いたことがある。彼は、介護や福祉の専門家としてさまざ

まな政府の審議会等でも活躍してきた有名な人なのだが、ご自身が年金受給の時期になって、その手続の難解さ・面倒さに音を上げたというのである。専門家ですら手を焼くような記録・資料の収集、書類作成をすべての高齢者が求められる。何しろ社会保障制度は申請主義で、自分が申請しない限り、自分が納めたはずの年金はもちろん、それ以外の社会保障給付も手に入らない。「ねんきん定期便」は来るようになったかもしれないが、それ以外にもさまざまな社会保障制度が複雑に林立し、法律家でなくともいいから、誰か助言をして手助けしてくれないものかと実感する。

これは高齢者だけのことではない。2015年4月25日の読売新聞では、「高額医療・介護保険の支援制度を知らなかった市」と題して、つくば市が2008〜13年度の6年間で110世帯への支給を怠っていたと報じている。同じようなことは、社会保障以外の他にもさまざまな場面で起こっている。

② ところが、法も法律家もひどく時代に遅れていて高齢者を助けてくれない。私たちの社会は、すでに過去の状況とは、それも大昔ではない半世紀前の状況とは、大いに様相を異にしているのに。

一例をあげると、私の祖父は自宅で亡くなった。当時はそれがごく普通だった。だが、父は病院で死亡した。誰でも知っているように、私の人生の範囲内という短い時の経過の中で、自宅で亡くなるのは少数派になり、病院で死ぬことが圧倒的多数派になった。死亡場所は1976年に病院・診療所と自宅が逆転した。その結果、かつてのように、慣れ親しんだ自宅で安らかに亡くなることが難しくなっている。病院では、医師が、人工呼吸器も胃ろうもなかった時代の法をおそれ、一部の法律家は、延命治療の中止について、相も変わらず「殺人罪のおそれがある」と警告を発し、医師の恐怖を強める。その際に前提とするのは、20世紀初めに（つまり100年以上前に）制定された古めかしい刑法典である。今日のような事態を想定して「人を殺したるものは」と規定されたわけではないのに。

急激な時代の変化、社会の変化に対し、法と法律家は著しく立ち遅れており、社会の現状に対応していない。

③ もちろん、わが国でもまったく手をこまねいて、これらの状況を放置してきたわけではない。しかし、法改革や法律家の自己変革は成功しているとはいえない。

たとえば、21世紀を迎えてわが国でも司法改革が行われ、2001年の司法制度改革審議会意見書（平成13年6月12日）では、「国民がその健康を保持する上で医師の存在が不可欠であるように、法曹はいわば『国民の社会生活上の医師』の役割を果たすべき存在である」という宣言までなされた。そして、司法試験制度の改革、法科大学院の創設、裁判員制度の開始など、さまざまな「改革」がなされた。だが、率直にいえば、これらは大いなる失敗の連続だった。

何といっても、超高齢社会という現状に対し、「社会生活上の医師」として、ホーム・ドクターと同様に、気楽かつ容易に弁護士からリーガル・サービス（法的な助言をするサービス）を受けられる状況が生まれていない。開業医のような「街の弁護士さん」がまだできていないのである。本当の意味での「法改革」「法律家改革」が今こそ必要だ。本書では少なくともその方向性やヒントを考えてみる。私たちが求め必要とする「法」や「法律家」は決して現在のようなものではない。

まず、それを端的に示す例として名古屋で起きた高齢社会を象徴する事件を取り上げてみよう。

家族に責任？——認知症の高齢者をめぐる名古屋高裁判決

91歳の男性が線路に入り込んではねられて死亡した。2007年のことである。それによる遅延その他の損害720万円をJR東海が遺族に対し請求した。裁判所は、当時85歳だった配偶者に、請求額の半額360万円を支払うよう命じた（名古屋高裁判決2014年4月24日）。鉄道会社側にも過失ありとして、いわば喧嘩両成敗的な名判決を出したつもりかもしれないが、これが大岡裁きなら、裁判官自身も何らかの金銭支出をしなければ名判決とは決していえない

（720万円を3分して、裁判官も含めて240万円ずつ負担しなければ三方一両損になっていない。もちろんそんなことは現代の日本でありえないが）。この判決は、従来からの裁判のあり方を単純に踏襲したにすぎない。このような判決で超高齢社会を乗り切れるはずがないことを、裁判官が認識していないのである。

この判決は現在最高裁に上告中であり、最高裁の裁判官は高齢者が多いから、新たな判決を出してくれる可能性がある。しかし、率直にいえば大きな期待はできない。従来の考え方に最も縛られた人が最高裁に入るからである（ただし、2015年4月9日、最高裁は、6年生の子どもが起こした事故について親に多額の賠償責任があると認めた下級審判決を破棄した。それとの関連で、名古屋高裁判決も見直される可能性が強まった。少しは期待してもよいかもしれない）。

ともかく、この判決を読むと、いくつもの疑問が浮かんでくる。思いつくまま並べてみよう。

なお、もともと2013年に出された第1審判決（名古屋地裁2013年8月9日）では、720万円全額の賠償を認めた。JR東海全面勝訴だった。しかも賠償責任は当時85歳の配偶者と横浜在住の長男（53歳）の連帯責任とされた。名古屋高裁判決は、その判決を一部修正し、「長男には責任なし、しかし配偶者には責任あり、ただし、鉄道会社にも過失ありとして賠償額を半額にした」のである。それでもこの判決は疑問符だらけである。

法律家は想像力に欠けるのでは？——名古屋高裁判決へのたくさんの疑問

①　この事件では、妻が存在したから妻に責任を押しつけることができた。だが、その根拠として掲げられたのは1974年（昭和49年）の最高裁判決である（監督者の責任を定める民法を解釈した先例）。この先例は、中学3年生が中学1年生を殺害し、1万円あまりを強奪した事案について、監督義務者たる両親に賠償責任ありとしたものである。監督責任を十分果たさなかったこととこの犯罪には「相当因果関係」ありとして。

この先例に基づき、この事件のように要介護4で認知症の老人（91歳）に対し、自身も要介護1の配偶者（妻85歳）に責任を押しつけることができるという法律家の抽象的な論理が、普通の人には理解できないだろう。老老介護という言葉もなかった時代の事案から出てきた抽象論を、何ら躊躇なくまったく異なる事案に当てはめるだけで十分とする裁判官の考え方は、少なくとも時代に適合してないのではないか。

②　この事件の当事者には配偶者（妻）がいた。親を心配している長男もいた。だが、今後独居老人がいっそう増えた場合どうなるのだろうか。高裁判決は、長男の責任を問えるかどうかを論じる際に、どれだけ介護に関与していたかを事細かく分析している。本件の場合、電車

にはねられた老人が成年後見制度を利用できる段階だったことは明らかだから、その場合、成年後見人となっていたのは長男だろうとし、そうであれば当然、長男に責任あり、そうでなくとも介護に重要な役割を果たしていれば本件の責任があったかのような記述をしている。

このような理屈では、誰もが監督責任者（保護責任者）あるいは成年後見人になるのをためらうはずである。成年後見人になっても24時間付き添っていることなど不可能である。他方で、市民後見人を増やして、家族以外の人であっても、後見人として一種の社会貢献をしようという動きがある。だが、それらの人には、このような事故が起これば重い賠償責任が発生することになる。そう考えると、この判決は、社会のよい動きを阻害する。まるで「簡単に後見人になってあげようとするなんて短慮ですよ。よくよく考え直しなさい」と諭すように。

家族がいる場合でも、家族の中で、親の介護に一番一生懸命になった人が、一生懸命やった分だけ、監督責任ありとされて一人だけ賠償責任を負うことにもなる。それはおかしいだろう。こんな判決を出したら、社会を悪くするかもしれないという想像力が、なぜ裁判官たちにはないのだろうか。

③　高裁判決は、「監督義務者等の責任無能力者に対する監督義務は、原則として責任無能力者の生活全般に及ぶべきものであるので、監督期間において責任無能力者に加害行為があった場合には、監督義務者等の監督上の過失が事実上推定されることになるものというべきであ

訴えてやる！
…誰にですか？
えーと…
神サマに！

る」と、堂々と宣言する。「生活全般」について義務を負うというのは、24時間365日何があっても監督義務者の責任となるということである。それに対応する監督は不可能だから、24時間監視することができなければ、このような高齢者を拘束するほかない。虐待を増やすことになる。それでよいと裁判官たちは思っているのだろうか。あくまでもこれらの事件は他人事で、自分の周囲には起こらないとでも信じているのだろうか。

④　しかし、あらためて考えてみると、この事件のような裁判はいずれにせよ金銭賠償を問題としている。そうだとすれば、いずれかの当事者に損害賠償の責任を負わせるだけに終わるのではなく、あらかじめ、事故による損害を分散する仕組みを工夫させるような判決が求められる。

簡単にいえば、私が何らかの事故を起こして1億円の損害を引き起こしたとする。そして全責任を負うことになると、私の人生は真っ暗になる。だが、仮に、日本のすべての人にそれを分散できれば一人当たりの負担は1円以下になる。1円を支払って人生真っ暗になる人はいない。その後も明るく人生をやり直しできる。

その大いなる工夫が保険である。損害の分散を図る工夫としてはあらかじめ保険に入るのが常識だ。ところが、名古屋高裁判決では、どちらも損害の負担をしなければならないから、鉄道会社も高齢者の保護責任者もその両方が保険に入らざるをえなくなる。二重の保険は社会的な無駄である（保険会社は喜ぶかもしれないが）。同時に、本件では数千億円の事業を営む鉄道会社の方が損害分散の方法に長じているのではないかとも思う。

⑤　判決では、91歳の老人は徘徊こそあったものの、今まで線路に入り込むようなことはしたこともないのに、妻にこの結果に対する責任ありとした。「監督義務者等において、責任無能力者の現に行った加害行為に対する具体的な予見可能性があるとはいえない場合でも、それが責任無能力者に対する監督義務を怠ったことにより生じたものである限りは、損害賠償責任を免れない」と明言して。

要するに、徘徊老人が何らかの事故を起こした場合、そのような事故が予見可能でなくとも、監督義務者たる配偶者は責任ありとされる。法律的にいえば、予見可能性がない場合でも「相当因果関係」ありとするのだが、それは大いに疑問である。「相当因果関係」というのは、通常、配偶者の過失があったから本件のような結果は起こったといえるだけの「相当の因果関係」を意味するのであり、事実の連鎖関係を切断して法的責任を限定するための概念である。ところが、この事件ではきわめて安易に「相当因果関係」を認定した。とにもかくにも85歳要介護1の妻に「結果責任」を負わせようというのである。結論を導くための法律論があまりに乱暴なように見える。

⑥　判決では、91歳の死亡した老人が資産家であったことに言及している。少なくとも

5000万円の遺産があり、妻には民法上2分の1の相続分があるので、360万円くらい支払っても当然であるかのように読める部分がある。だが、何度も言うように、このような判決が出されれば、多くの人に影響する。たとえば、認知症患者を引き受けている施設も直接の影響を受ける。病院もそうだろう。グループ・ホームのようなところでも。それに認知症患者がすべて資産家であるわけではない。そのような高齢者のために介護その他世話をすればするほど、法的責任を重くすればどうなるか。リスクの高い人を引き受けなくなるか、いったん引き受けても拘束しておくか、いずれにせよ高齢社会を悪くするだけである。

⑦　もう少し、この判決でなぜ妻に責任ありとされたかにこだわってみよう。判決では、民法第752条「夫婦は同居し、互いに協力し扶助しなければならない」との規定を根拠にしている。夫婦には、同居義務、協力義務、扶助義務があるから、この事件のようなケースでは監督責任もあるという。しかし、夫婦が相互に負う義務（現代においてそれを法律で記述する必要があるかははなはだ疑問だが、それは措くとしても）から、第三者に対する責任を引き出すのは無理筋である。

⑧　そこで判決は、精神保健福祉法で、精神障がい者に後見人がいない場合、配偶者が保護者になるとする規定に言及し、民法第752条とそれを合わせれば、妻に責任ありとすることができるという。ところが、判決自体、2009年の精神保健福祉法改正で、保護者に対する

自傷他害防止義務が廃止されたこと（つまり、精神障がい者が他人に損害を与えた場合に、ただちに保護者に責任ありとすることはもはやないこと）を記述している。それどころか2013年の法改正では、「主に家族がなる保護者には、精神障がい者に治療を受けさせる義務等が課されているが、家族の高齢化等に伴い、負担が大きくなっている等の理由から、保護者に関する規定を削除する」として、保護者制度の廃止までなされた。

つまり、精神障がい者について、家族の負担を重くするだけでは現在の社会はよくならないことを他の法律では明確に認めているのに、名古屋高裁の判決は、そのような動向を一切無視したものとなっている。法制度とは、全体として首尾一貫した方向性でなければならないはずだが。

⑨ 最後に、2007年の事件が、2015年9月時点で決着していないところも問題である（ただし、訴え提起は2010年だった）。名古屋地裁判決は2013年、ここまでで事件発生から6年が経過した。訴訟提起からでも5年経過してまだ終わっていない。事件当時85歳だった妻は93歳になっているはずである。このような時間感覚で、裁判所は、寿命が延びたとはいえ、高齢者に対する（時間的限定のある人たちへの）リーガル・サービスを提供する機関といえるだろうか。

⑩ 私の授業は余談が多いという批判を受けているのだが、懲りずにここでも余談を一つ。

私は、英語による日本法入門という授業をこの数年行っていて、この名古屋高裁判決も授業で取り上げてみた。参加者は、主として日本人の法学部生を想定しているのだが、今のところは留学生が多い。しかもさまざまな国から。その中で、フィリピンの学生は、きっとフィリピンでは（鉄道会社が訴えるのではなく）遺族が鉄道会社を訴えるのではないかという。韓国の学生は、やはり長男こそが責任を負うとされるべきであり、おそらく裁判もそうなるという（私は長男なので、韓国では大変だということがわかった）。さらに、アメリカでは、精神障がい者であってもこのような事故を起こした場合の責任を免れないので、結局、死亡した91歳の男性自身の責任が認められ、その分、遺産から支出される。したがって、結果的には名古屋高裁判決と同じことになるのではないかという（85歳の配偶者は相続人として遺産を受け継いだはずであり、91歳の夫の責任として遺産から支出するのも、85歳の妻が遺産を受け継いだ後でそこから支出するのも、結局同じことだから）。

高齢社会はひとり日本だけの問題ではないから、名古屋高裁判決は、各国から来た留学生にも他人事ではなく、比較法的に議論してみるよい機会となった。

私はアメリカ法（英米法）も教えているので、アメリカでどうなるかについて補足すると次のようになる。

(イ)確かに、アメリカでは精神障がい者の不法行為責任について厳しい態度がとられている。

精神障がいや認知症を理由に免責されないのである。

(ロ)ただし、それを逆にいえば、認知症患者の後見人や家族の責任を問わないということでもある。

(ハ)さらに、一般論としていえば、精神障がいをもつ人が大きな財産をもっているのは少ないだろう。本件のように、仮に認知症の高齢者が資産家だった場合でも、アメリカでは、信託という手法で、あらかじめその財産を家族のための財産に移してしまう道がある（この手法は後の第6章で扱う）。

(ニ)その結果、アメリカでは、実際には決して日本と同じことにならない。アメリカの方が、被害を受けた人（本件でいえば鉄道会社）が損害を負担せざるをえない場面が多くなる。そして、それはアメリカ法について日本で多くの人が誤解しているように、アメリカが何でも訴えてそれが認められるような訴訟社会ではないことを意味する。実は、アメリカは、訴えても救済を得られない場面がわが国よりも多い社会なのである。それを言い換えれば、自分のことは自分で守らざるをえない社会だということにもなる（その一つの方法が保険である）。2015年にアメリカ高齢者法の集中講義をお願いしたイングリッシュ教授が真っ先に指摘したのも、アメリカではこのような事件で鉄道会社が訴える例を聞いたことがないという点だった。

要するに、アメリカでは、本件のような事件が起これば91歳の老人の遺産が責任を負うものの、実際には、（そもそも資産がないか、または資産があっても信託等の手法ですでに遺産から隔離された財産となっているため）訴える価値のある事例は少ないので、名古屋高裁判決は、おそらくアメリカ人もびっくりとなるのである。

なお、このような事件に関するアメリカ法の内容に関心があれば、『アメリカ不法行為法』を参照されたい。その本のメイン・テーマが、「被害者救済を目的としない法制度」である。アメリカの法制度は不法行為の防止を目的としたものなのだ。日本の裁判の多くは、その目的が「被害者救済」または「損害の公平な塡補」（つまり被害者と加害者の間で損害を「公平に」分担させること）にあるといわれているので、そこには大きな違いがある。

いずれにせよ、名古屋高裁判決だけで判断するのは尚早かもしれないと思いつつ、現代の高齢社会についての想像力が、この事件の裁判官たちばかりでなくその他の多くの法律家に欠如しているのではないかという感を深くする。彼らは、その事件限りで「適切な」（言い換えれば、適当で曖昧な）解決だけを考えており、その社会的影響に対する配慮がない。驚くばかりの想像力の貧困である。これまでそれで済んでいた社会が、今もまだ続いていると誤解しているのである。

ここで、2点お断りしておく。

一つは、ここでは名古屋高裁判決を例にしたが、「高齢者問題——法律問題」という意味は、決して裁判だけの問題ではない。わが国では、法といえば裁判というように思う人が多いと感ずるが、そうではない。法はどこにでもあって、高齢者の生活に影響する。たとえば、介護保険の適用になるか否か。そのための認定もまた法に基づく。

別の例をあげると、東京都は「シルバーパス条例」なる地方公共団体の法律（それを条例という）を作って、「高齢者の社会参加を助長し、もって高齢者の福祉の向上を図ることを目的とする」と宣言し、シルバーパスをもらえる人は、東京都に住所をもつ70歳以上の者で寝たきりでない者と規定する（第3条）。ここでは65歳ではなく、70歳が重要になる。費用負担は大半の人が年1000円である。

これが隣の神奈川県に行くと、どうやら県全体のシルバーパスはなくて、たとえば横浜市だと「敬老特別乗車証」（敬老パス）と名前は変わるが同様のものが存在する。ただし、障がい者等だけが無料で、70歳以上でも他の人たちには一定の負担（生活保護を受けていても年額3200円）が求められる。全国を調べてみれば、もっとさまざまな違いが出てくるだろう。

要するに、「高齢者問題は法律問題だ」というのは、決してすべての高齢者問題が裁判になる（その可能性がある）という趣旨ではない。そうではなく、法的な助言があると、高齢者を取り巻く問題の理解が進み、その生き方に大きな影響があるということである。前記のシルバーパス（敬老パス）の例でいえば、これもまたあくまでも申請のあった人だけに与えられる。地域に住む人には常識であればよいが、知らない人だってないとはいえないだろう。

2つめのお断りは、今後の記述の中で、どうしてもアメリカの話が出てくるという点である。私の専門分野がアメリカ法で、その比較から私自身多くを学んできたからである。たとえば、私が留学したのは1981年で、今から数えれば30年をはるかに超える前のことである。だが、すでにNHKでは、サン・シティという高齢者だけが住むことのできる街がアメリカにはできたと報じられていた。1983年に私が暮らしていたのは、そのサン・シティのあるアリゾナ州だったから、2時間車を飛ばして見に行ったことがある。白い一戸建ての住居がきれいに放射状に区画整理されて並んでいる。池というより湖と呼んだ方がいいような水辺や美しい木々が配置され、劇場もあれば病院もあり、ゴルフ・コース等のさまざまな活動スペースもあった。これはデル・ウェッブという不動産開発業者が開発したもので、その事務所に行っていくつか質問をしてきたが、今なら、もっと的確な質問ができただろう（何しろ当時は31歳で、高齢者法の授業をするなんて考えてもいなかった）。覚えているのは、これは退職者のためのコミュニティであり、55歳以上の人が居住するところであり、小さな子どもの入居は認められないことなどほんのわずかに過ぎない。本書を読み進める中で、「何でアメリカの話が始まるんだ」と読者は思われるかもしれない。しかし、私のネタの多くはそれによる部分があるので、どうかご容赦願いたい。現在、高齢化では、日本の方がアメリカよりも進んでいるかもしれないが、アメリカには実数として４０００万人以上の高齢者がすでに存在する。そして、20年以上前から高齢者法を教えてきたロー・スクールの先生がいて、30年以上前から高齢者専用の街までできていたわけであるから、その経験を学ぶ意義はあると思うのである。いずれにせよ、アメリカであれ日本であれ、あるいは他のどの国であれ、高齢者問題は避けて通れない。そして、それらがそれぞれの国の法律問題であることも同様だからである。

第2章　超高齢社会の現状認識――法律家のあり方

1　超高齢社会の定義――65歳以上が高齢者、その割合で社会の呼び方が変わる

高齢者法といっても、そのような名前の法律があるわけではない。高齢者が直面する法的課題を扱う分野を総称して高齢者法と呼ぶ。それが注目されるようになってきたのは、わが国において、高齢者が驚くほどのスピードで増加する社会を迎えているからである。実はそのスピードは、ウサイン・ボルト（１００メートルの世界記録9秒58をもつジャマイカの陸上選手）だってびっくりするほどのものだった。

社会の高齢化を表す定義がある（『超高齢社会』など参照）。まずは65歳以上の人を高齢者と定義する。そして、人口の７％以上が高齢者である社会を「高齢化社会」と呼び、日本は１９７０

年に7％を超えて高齢化社会に入った。14％以上になると「高齢社会」になる。日本は１９９４年にスウェーデンや、ドイツ、フランス、イギリスなどと並んで高齢社会となった。さらにはそれらの国をあっという間に追い越して、２００７年には、21％以上の高齢化率を誇る「超高齢社会」となった。そして世界のトップに躍り出た。今後も、高齢化という点では、当分、世界のトップ・ランナーであり続けると予想されている。わが国では「世界で一番」とか「金メダル」が大好きだが、高齢化率では文句なしの世界一となり、その座は当分揺るぎそうにないという。

私が気になるのは、小さなことだが、この定義自体である。なぜ7％とか14％なのか。その答えは、これが日本製の定義でないからである。十進法がこれほど行き渡ったわが国で定義が作られたなら、5％とか10％とか20％にしただろう。ところが、西洋では7の倍数には意味があり（たとえば1週間は7日である。英米では伝統的に21歳が成人年齢だった）、それでこのような定義が生まれたと思われる。そもそもは１９５０年代に国連やＷＨＯ（世界保健機関）で使い始めたという。

この定義のあり方が示すのは、高齢者の問題がそもそも日本の課題ではなく、世界における普遍的な課題だったということである。同時に、その中で日本が他国に類を見ないスピードで高齢化を進行させ、もはやその定義を超える事態を迎えつつある。なぜなら、２０３５年には高齢化率33・4%という推計がなされているからである。

高齢化が21%を超えると超高齢社会。今やそれが25%を超え、次の節目の28%が近い。それなら28%を超えると何と呼べばいいのだろう。それどころか、2035年の推計では35%に近い数字になるのだ。そのような社会をどう名づけたらよいのだろう。「超超高齢社会」さらに「超超超高齢社会」だろうか。日本社会の推移によって、新たな定義が増やされる事態を迎えるのが確実な状況になっている(国立社会保障・人口問題研究所「日本の将来推計人口(平成24年1月推計)」参照)。

2 少子化と高齢化——逆ピラミッドの人口構成

高齢者が増加したのは、昔より長生きができるようになったというのだから喜ぶべきことのはずである。ところが、そう簡単にいえない理由の一つは、高齢者が増加するだけでなく、それより若い層がそれほどに増えない予測があるからだ。逆ピラミッドの形をした人口構成が予測されている。

具体的には、今後わが国では人口減少が進み、2060年の推計人口は8674万人になるという。そんなに遠い先のことではなくとも、現在の1億2500万人あまりの人口が、

２０３０年に１億１６６２万人、２０４８年には１億人を割って９９１３万人となると予測されている。

より近い問題としては、２０２５年問題が喧伝されている。

２０２５年問題って？ 団塊世代が75歳以上になること

２０２５年は、いわゆる「団塊の世代」がすべて75歳以上の後期高齢者になる年である。団塊の世代とは、「１９４７年から１９４９年までの３年間に出生した世代」であり、第二次大戦後のベビー・ブームを受けて、１９４７年生まれは２６８万人弱、１９４８年生まれは２６８万人強、１９４９年生まれは２６９万人を大きく上回った。その合計は約８００万人以上になる。ちなみに２０１４年の出生数推計は１００万人ちょっとだから、その多さがわかる。現在は、団塊の世代の４割の数しか生まれていないのである。したがって、２０２５年には人口の18％が75歳以上になるという。しかも、すべての都道府県で単独世帯が最多になると想定されている。老老介護どころか、孤独死が問題となりそうな世帯が日本のどこでも多数派になるのである。

65歳以上の高齢者の中でも、75歳を超えると要介護（要支援）になるリスクが上昇するという。それを支えるのは、相対的に若い人たちになるが、2025年には、後期高齢者となる層が一挙に増えるわけであり、本当にそれを支えるシステムがわが国にあるのかが深刻な問題として意識されている（それを2025年問題と呼んでいる）。

だからこそ、2000年を期して、介護保険制度が生まれ、成年後見制度が開始され、さらにこの間をつうじて年金制度の改革が行われてきた。だが、現在まで作られてきたこれらの制度だけで、本当に2025年以降の超高齢社会、しかも人口減少社会に対処できるかは、誰にもわからない。

吉村泰典氏（日本を代表する産婦人科医である）によれば、2065年問題も同様に重要だという。出生数の推計では、その時点で出生数は50万人まで減少する。このまま何もしなければ。現在100万人の出生がさらに半減するのだ。団塊世代と比べれば5分の1以下になる。必然的に高齢化率は40%を超えて、例の7の倍数でいえば、42パーセントになったら最高超高齢社会と呼ぶほかなくなる。

確実にわかっていることは、高齢者問題は、高齢者（だけ）の問題ではもはやないということである。まさにわが国の社会が持続可能性（sustainability）をもっているか否かが試されているのであり、影響は、65歳以上の高齢者ばかりでなく、その予備軍、さらにはずっと年少の世代にも及ぶ。

本書は、その中で、法的な観点から問題を摘示していく。その目標は、いかにわが国の社会を高齢者にとって住みやすく生きやすいものに変えていくか、そのために法や法律家は何ができるかを明らかにすることである。同時に、それは高齢者予備軍の世代やもっと若い世代にとっても住みやすく生きやすいものでなければならない。端的にいえば、子どもを産んで育てることを喜びとする人が増えて、人口減少にも歯止めをかけるようでなければならない。

だが暗くなってはいけない

私は、「医事法」や「生命倫理と法」と題する授業もしてきたが、その冒頭で、次のような話をすることがある。これらの授業で扱われる問題は、きわめて重いものが少なくない。たとえば、ハンチントン病という不知の遺伝病を知らされた患者はどうすればよいか。重い病気であるから、いずれにせよ家族も大きな影響を受ける。しかも、遺伝病であるために、家族自身にも直接的な問題となる可能性がある。普通の病気以上に深刻で複雑な課題を提起する。ただし、このようなケースを検討するに際し、少なくとも教室で私たちが暗くなっていても何にもならない。むしろ、法律家として、あるいは人としてどのような助言ができるか、それが自分だったらどのような対応をするか、さまざまに考えてみようと学生に伝えてきた。

超高齢社会の話も、世代間での負担の分担という観点だけから見ると、若い学生たちは暗くならざるをえない。今後の日本は、人の数も減少し（それは日本全体の経済力の減少となって跳ね返ることは確実である）、しかももはや働けない高齢者層が増加して、若い人たちの負担になるというのだから。

これも余談だが、わが国では、この例に限らず、自分が得をするか相手が得をするか（あるいはその逆に自分に損になるか、相手に損になるか）という発想での議論があまりに多い。裁判は対立構造をとるからそうなりがちであるが、裁判でもないのに、そして圧倒的大多数の人は法律家でもないのに、そのような発想での発言が少なくない。たとえば、患者の権利を守るか医師の権利（権益？）を守るか。事故が起これば、加害者対被害者。どちらを被害者と呼ぶかでメディアの対応も異なる。

ここでも同じで、高齢者問題に対処することが優先されると、若い人たちの抱える問題への対処、たとえば少子化問題への対処が後回しになるという議論が出る。

だが、そのように考えても何にもならない。限られた資源をどちらが取るかではなく、むしろ資源を活用して増やす道を考えることが必要である（このような発想を、ウィン・ウィン・ゲームの発想と呼ぶ。ウィンは勝利を意味し、どちらも勝ちの状況をいかに作り出すかが鍵となる。これに対し、一つのケーキを取り合うゲームをゼロ・サム・ゲームと呼ぶ。サッカーの得点と失点の合計が示すように、自分が＋３なら相手はマイナス３。つまり損害賠償で一方に１００万円の賠償が認められれば、他方は１００万円支払わねばならないので合計としてはゼロになる、というゲームである）。

高齢者問題も、むしろ寿命が延びたこと自体は喜ぶべきことだという原点を思い出す必要がある。さらに、データが示すように、かつての古稀はもはや稀ではなく、しかも70歳にして元気なお年寄りは少なくない。半世紀前と比べて気力も体力も10歳以上若いのである。元気な高齢者がもっと増えること、高齢者の増加を社会全体にとってマイナス（若年者への負担）ととらえるのではなく、プラスに活かす道を探ること、そしてそれに伴い、元気な若者も増えることをいかに実現するかが現在の課題である。その解決は法律だけでできるわけはないが、法と法律家もそのために汗を流す必要がある。そしてそのためには、従来からあるゼロ・サム・ゲーム的発想しかできない法と法律家のあり方を変えていかなければならない。

「明日死ぬかのように生きなさい。永遠に生きるかのように学びなさい」。これは、マハトマ・ガンジーの言葉だそうだ。日本社会にもこの言葉は当てはまる。まさに超高齢社会と少子化の現実を前にして、わが国の社会が明日死ぬかのように（実際には明日ではないがこのままではそう遠くない未来に死んでしまう、存立できなくなることを意識し）そこから何を学び、今何をすべきかが問われている。そうでなければ、私たちの社会が永遠に生きることは不可能なのだ。そして、それは、実は日本だけの問題ではない。日本が世界で最初にそれに直面し、ある意味で人類の実験地となっているのである。おおげさにいえば（実はおおげさではなく）、ガンジーのように、私たちが人類に希望を与えなければならない。

3　高齢者問題と法律家

わが国の法学部や法科大学院の授業では、いまだに法律の分類によるカリキュラムが中心である。わが国の社会に解決を求められる問題があるからではなく、いったん、憲法、民法など、六法として並んでいる法律を対象として学習する。まず法律ありき、次に対象となる現実的課題にそれを当てはめるという発想である。このような法の縦割り意識を助長するシステムでは、多様な法に関係する問題に対処する実践的専門家は生まれにくい。

したがって、高齢者法という名称の授業が開講されている法学部や法科大学院は存在しない疑いすらある。例外は、おそらく横浜国立大学の関ふ佐子教授と私の授業くらいかと憶測する。

これに対し、アメリカでは、今まさに高齢者法という授業が、法律家を養成するロー・スクールの科目として増加しつつある。それは、ロー・スクールの教材であるケース・ブック（裁判所の判例を中心とする教材）で、高齢者法（elder law）と題するものがこの数年続々と刊行されていることからもわかる。

機を見るに敏なアメリカの弁護士

その背景も容易に推測できる。アメリカの高齢者は日本の1・2倍くらいの4000万人だという。ただし、アメリカの人口は約3億人で日本の2・5倍あるから、高齢化率では日本の方がずっと進んでいる。しかし、4000万人という数字自体には大きな意味がある。アメリカの法律家にとっては、それは4000万人の潜在的依頼人がいることを意味するのだ。本書でこれから繰り返し述べるように、高齢者が直面する課題は、法的な性格のものが少なくない。しかも、それは裁判に巻き込まれたり、訴えたりするという意味では必ずしもない。そうならぬよう、専門的な法律家の助言を得る必要のある場面が多いということである。そして、まさにそのような需要に応える法律家としての訓練を積むために、アメリカのロー・スクールでは高齢者法の授業が増加している。

これはやや法律家寄りの視点になるが、たとえばこんなことも考えられる。わが国では2004年以降、法科大学院が全国に生まれた。かかりつけ医のようなホーム・ローヤーが必要だという理由で。ところが、今、多くの法科大学院が撤退を余儀なくされている。合格率と合格者数の競争だけがクローズ・アップされ、成績の悪い法科大学院は続々閉鎖している（だが、ペーパー・テストで本当によい法律家が選抜できるのだろうか）。これらの法学教育の改革プラン自体が初めから杜撰《ずさん》としか呼べないものだったことが大きな理由だが、気楽に頼める弁護士、リーガル・サービスをまさにサービスとして提供してくれる弁護士たちという仕組みを生み出せなかったことも一因である。

これは私の夢に過ぎないが、たとえば弁護士業の市場規模はわが国では売上ベースで1兆円程度だという（トヨタ1社で、売上高ではなく経常利益が2兆円を超えるのに。なお、1兆円の根拠は弁護士業務の経済的基盤調査による弁護士の売上高の平均値と弁護士数を乗じた数字である。2010年時点で前者はおよそ3000万円、後者はおよそ3万人だった）。それをこれまで3万人程度の弁護士が取り合ってきた。小さなパイを、難しすぎるペーパー・テストを通っただけの少数の法律家が奪い合う構図である。ここでもゼロ・サム・ゲームが行われている。市場規模をそのままにして、弁護士の数を増やそうとすれば、弁護士にはなったけれど仕事が来ないという人が出てくるのは当然だ。

しかし、わが国にもここに3300万人の高齢者がいる。しかも今後も増えていく。仮に、その人たちが毎月1000円を拠出して、気楽に相談できる顧問弁護士を雇うとすれば、計算上は4000億円の市場がすぐにできる。市場規模は1・4倍になるのだ。そのような弁護士が各地域で高齢者のさまざまな相談に乗ってくれるようなシステムが作れるなら、たとえば、高齢者をターゲットとする詐欺も、もう少し減るのではないかと思う。

ともかくアメリカではそのような発想で社会が動きつつある。少なくともロー・スクールが動きつつある。わが国よりもずっと高齢化率が低いにもかかわらず。

そのアメリカの教材で、最初に取り上げられるのは、高齢者の問題に法律家が関わる際に特有の困難があるという点である。

試験問題と回答から——高齢者問題と弁護士倫理

私の高齢者法の授業の後で、次のような試験問題を出してみた。

「あなたは弁護士だとします。あなたの前に、相談があるといって、85歳の男性と、その娘（55歳）が訪ねてきました。この依頼人について、次の問いに答えてください。

① どのような法律相談で来たと考えられるか、一つだけ例をあげて、さらにそれに対し、どのような助言をするかを答えてください。

② 弁護士として、たとえば30歳の依頼人が頼みに来た場合と比べて、どのような点に注意

すべきか答えてください」

回答はさまざまなものがあったが、一番多かったのは、「85歳の高齢者の認知症が進んだので、成年後見制度の利用について相談に来た」というものだった。まっとうすぎるとでもいえる答案で、それなら、成年後見制度のメリットと限界、そのための手続と費用などを丁寧に説明することになる。しかし、相談のテーマが何であれ、ここでは高齢者が直面する法律問題について相談に応ずる法律家が注意すべき基本的な課題が問われている。アメリカの教材は、まずその点を押さえておくようにという記述から始まる（何しろ、その教材は将来、高齢者を依頼人とする弁護士になろうとするためのものなのだから。そしてその弁護士たちは、まだ自分自身は高齢者でない人が圧倒的多数なのだから）。

まず、高齢者が何らかの相談を弁護士にする場合、試験問題にあるように、家族と一緒に来る例が多い。そのとき、弁護士が自らに確認すべきは、「誰が自分の依頼人なのか」である。アメリカでも日本でも、弁護士は、依頼人のために忠実に働くことが義務とされている。「忠実に」という意味は、依頼人の利益を常に第一に考えるということであり、同時にその利益を守るため全力を尽くすということでもある。ところが、家族と一緒に相談に来られた場合、家族の利益も入り込む。弁護士への報酬を家族が払う場合もある。

多くの場合、高齢者とともに相談に来る家族は心から高齢者を心配してついてくるのであるから（あるいは連れてきているので）、本人の利益と家族の利益は一致しているが、弁護士として長く経験を積むと、やはりその間にも微妙な差異が表れてきたり、極端な例では、もっぱら自分の利益のことを考えている家族もいたりするなどの経験をする。これを利益相反（conflict of interest）と呼ぶ。そして、これこそ専門家としての法律家が最も警戒すべき状況である。相談に乗る際、弁護士が相談に応じる場合、「あくまでも依頼者本人である高齢者のために今後は助力します。場合によっては、ご家族の意向に沿わないこともありえますが、それもまた弁護士としての責任を果たすということなのです」という点を説明しておく必要がある。

次に、それと同様に難しいのが、肝心の「高齢者の利益とは何か」である。通常であれば、何が自分の利益であるかはまさに本人が判断する。その指示に従って、弁護士は働けばよい。もちろん、その判断に法律上問題があれば助言はするが。しかし、試験問題の85歳の男性の場合、あるいはより一般的に高齢者の場合、何が問題であり、どのようにしたいかについて、本人が十分にわかっていない場合もある。弁護士が一生懸命聞き出して、どのような対応が考えられるか説明しても、それが十分に理解できないケースもある。そのような場合、まさに一緒についてきてくれた家族も交えての相談と説明が重要になる。

それは、たとえば7歳の子どもが依頼人として現れた場合と似ているようだが、そうとばかりはいえない。7歳の子は天才でもない限り、まだ自分で判断し決定する能力がない。しかし、85歳の男性は、たとえ認知症が始まっていても、何らかの判断能力は残っている場合が少なくない。相手は子どもではないのだ。しかも、子どもと違って、いろいろな事情に配慮し過ぎて、簡単に判断を下せないということもあるだろう。

そうだとすると、できる限り、本人が何を望んでいるかを辛抱強く聞き出すことが重要になる。弁護士は、一種のカウンセラーの役割も担わねばならない。

高齢者の権利保護の特色——特に注意すべき点

人は誰でも加齢によって心身が弱ってくる。早いか遅いかは大きな違いはあるが。したがって、何らかの保護(手助け、支援)が必要となる。卑近な例でいえば、私自身も、かつては正月に餅を詰まらせて亡くなる高齢者のニュースを他人事として聞いていたが、ものを呑み込みにくくなったり、ちょっとしたことで転倒しやすくなったことを実感する。保護というのは、周囲にあるものや人(高齢者をターゲットとしてだまそうとする悪いやつもたくさんいるのが現在の日本である)による危険からの保護ばかりではなく、自分自身が危険だということもある。自分が若い頃の自分とは違っていることを認識できなくて、前は簡単にできていたというので無理をして骨折をしたりする。あるいは、ちゃんと自分はしっかりと判断していると過信して、客観的にはありえないような取引に応じてしまうことがある。

だから高齢者にとって保護は必要なのだが、画一的な保護は、本人にとって迷惑な場合も多い。迷惑どころか本人の生活を生きにくくする。一例は、高齢者の運転に関する昨今の報道である。たしかに、高齢化によって、逆走したり、ブレーキとアクセルを踏み間違う例は増えているかもしれない。しかし、だからといって、高齢者から自動車の免許を取り上げればよいというのは短慮である。

そもそも、多くの高齢運転者は逆走もしていないし、踏み間違えもしていない。統計的な考えを入れるなら、全体の高齢者が増えれば、間違う人も数としては当然多くなるはずである。だが、それら少数の例をもって、高齢者を一括りにして、免許返上や免許更新を難しくするのは愚策である（ここでも余談を入れると、わが国の報道は、数が増えたというだけで、全体の数の増加との割合を指摘しない例が多い。たとえば少年犯罪の減少があったとしても、全体の少年の数が少なくなっていれば、ある意味で当然のことなのに、それだけを重要視する。高齢運転者がこれだけ増えているのに、それらの人の大半が事故を起こしていないとすれば、そのこともまた報道すべきである）。

そのような主張をする人たちは、結局、それぞれの高齢者が別々の人間であり、心身の能力もまったく異なる人たちだということを忘れ、年齢だけで判断する過ちをおかしている。しかもいずれは自分も同じ目に遭うという想像力もない。

高齢者の権利保護とは、高齢者を一括りにして、画一的な保護という名の規制をすることではない。あくまでもそれぞれの個人に残る能力を最大限発揮する条件を整えること、判断能力が残る限りはその判断（自己決定）を尊重しつつ、それがあまりに本人にも（もちろん他人にも）危険な場合に助言するというのが基本であるべきだ。

わが国の法もメディアも「平等」が大好きだが、そこでいう「平等」とは「形式的・画一的取扱い」を意味する場合が多い。他の人もそうしているから（同じ義務を課されているから）、あなたもそうすべきだというのは、人権尊重とはまったく逆の観念なのだが。

高齢者もさまざま。それが基本にない、うわべだけの「保護」という名の強制には本当に注意しなければならない。

高齢者の運転でいえば、特に地方では、自動車（軽自動車が多い）はいわば自転車代わりであり、高齢者にとって移動の手段となっている。それがなければ生活できないところも多い。高齢者の運転能力の劣化は、自動運転車の開発や高齢者用の移動車両（たとえば一定のスピードしか出ないが日常の用には足りるものや、衝突安全装置の強化など）を工夫することで対処すべきである。それまでの経過措置として、一定の年齢の高齢者に認知症検査や特別な講習を課すのは仕方がないかもしれない。しかし、なぜ70歳なのか、75歳なのかと問われたら、その根拠は説明できないはずである。しかもそれに要する費用も決して安くない額を徴収している。日本の高齢者はおとなしいから唯々諾々と従っているものの、この費用の根拠・内訳は何かと問えば、やはり簡単には答えられないだろう。アメリカと比べるのはまったく乱暴だと承知のうえであえていえば、あの簡単な講習予備検査に6ドル、講習に50ドルといったら彼らはびっくりするに違いない。

ともかく、高齢者の課題の根底には、自分で自分を保護しにくくなっている高齢者にとって、一方で自己決定（人間としての尊厳という難しい言葉で呼んでもよい）の尊重と、他方で保護を必要とする状況との間で、いかに適切な調和策を考えるかという難題がある。法は、画一的なルールを定めるものでありながら、人権という言葉で個人の自由と権利を保護する側面を有するという二面性をもっている。だが、わが国の実際の法は、前者の色の濃い場合が少なくない。それを改める必要があるというのが本書の主張である。

第3章　高齢者医療と法

1　医療と法の目的——みんなの健康を増進するための支援

ここでもアメリカの話から始める。

アメリカの医事法の教材を見ると、医事法（医療に関する法）が何を目的とするかをまず明確にしていることがわかる。英語を交えて申し訳ないが、それは、access, quality, and cost を適切に維持し、向上させることであり、それによって public health を増進することを目標としている。日本語に翻訳すれば、「適切な医療へのアクセス、適切な医療の安全と質、さらにそれを適切で維持可能なコストで」実現し向上させて、「みんなの健康を増進すること」、それこそが目的である。

日本では、public health を公衆衛生と訳して意味を矮小化し、「長らく医師たちにとって不人気な専門であり続けてきた」と評価されるような状況を作り出してきた（『病院の世紀の理論』220頁）。なぜ人気がなかったかといえば、従来、多くの医師たちは、病気の予防ではなく治療こそ医療だと考えてきたからである。それが今変わりつつある。何しろ高齢社会では、悪くなってからの治療では対処できないことが明確だからである。メタボという言葉で象徴される特定健診など、予防策が重視される時代に入った。

大事な点は、public health を公衆衛生と訳してあくまでも予防の部分と限定し、予防と治療を区別するとらえ方にする必要はないことである。手法を問わず、素朴に「みんなの健康」を増進すること、そして法もまたそれを支援することこそが医事法の目的でなければならない。

ところが、わが国の法律家の関心は、医事法といえば医療事故、そしてその後の訴訟に限定されやすい。弁護士の仕事が裁判中心だったからである。医療と法の関係はもっと広く深いのに。

とりわけ高齢者と医療の話になると、法律家の関心は、終末期医療の中止や差し控えと、その前の治療のインフォームド・コンセント（説明に基づく同意）、さらにがんなどの告知をするかどうかに限られてきた。

まず、告知の場面を問題にしてみよう。

2　がん告知をめぐる最高裁判決――するかしないかだけの問題ではない

わが国において、がん告知は従来大きな問題の一つとされてきた。だが、ふたりに一人ががんになる今日、さらに病気の中でがんによって死亡する人の数が第1位になり、他方で、がんの治療法も大きく進歩し、治るがんも多くなってきた時代を背景に、がん告知のあり方も大きく変わってきた。そもそもこの問題は、がんに限らず、ある患者が終末期を迎えていることをいかに告知するかという課題と直結する。

ここでも法律家の関心の狭さが明らかになる。これまで最高裁はがん告知問題について2つの判決を出した。一つは、名古屋の事件についての1995年の判決。そこでは、がん告知をしなかった医師や病院の責任が否定された。告知するかどうかは医師の裁量によるとして。ところが、2002年の最高裁判決は、告知をしなかった秋田の病院に対し、損害賠償責任を認めた。患者が末期的状況にある場合、医師が本人に知らせるべきでないと判断したときには、「少なくとも、患者の家族等のうち連絡が容易な者に対しては接触し、同人又は同人を介して更に接触できた家族等に対する告知の適否を検討し、告知が適当であると判断できたときには、その診断結果等を説明すべき義務を負う」と述べて、積極的に法的な告知の義務があると述べた。そして、この事件では、そのような努力の跡が見られないとして遺族に慰謝料の支払いを認めた。この判決のためだけではないだろうが、その後、医師はがんをはっきりと告げるようになった。本人に対してもそうだが、本人に告げない場合は家族に対して。

がん告知判決の限界——告知だけでは解決しない問題

この2002年最高裁判決は注目され、多くの法律家が判決評論を書いた。私はそれを読んでいるうちに、最初こそそれぞれの緻密な分析と議論に圧倒されるような気がした（たとえば、ここでいう検討義務の内容は何か、本人でなく家族の中で告知が適切な家族とそうでない家族をどう判断すればよいか、さらに本人に告げなくて本当によいのかといった議論など）。しかし、ある時点で、これらの法律家は結局のところ告知するかしないかだけにしか関心がないことに気づいた。

この事件の発生時点は1990年から91年にかけて、ところは秋田である。肺がんの末期だと診断された当時77歳の後期高齢者男性がいた。病院の医師は診断を告げなかった。男性は、胸の痛みが続くので別の大学病院を受診し、その段階で肺がんの末期である旨家族に説明がなされた。家族はびっくりである。先の病院で末期の肺がんと確定診断がついてからすでに4カ月が経過していた。男性はその後半年あまりの後に死亡し、遺族が病院を訴えた。末期がんと教えてもらわなかったことをとがめて。

しかし、本当の問題は告知の有無ではない。少なくとも判決文を見る限り、この病院では、人生の最後を迎えた人間に配慮するターミナル・ケアの態勢作りに苦心したような跡が見られない。

私が感じたのは次のようなことである。がんを告知するか否かは、事の端緒に過ぎない。告知をした後、どのような態勢で患者を支えるか、告知をしないならどのようにして適切な医療を継続するのか、胸の痛みを抑える緩和ケアにどうつなぐのか、それこそが問題であり患者へのケアである。

この病院にそのような仕組みや発想がなかったことをこそ問題とすべきなのに、この最高裁判決をめぐる法律論は、いかなる場合に誰に終末期であることを告知すべきかだけに焦点を当てて、終末期医療の本質から遠い議論に終始していた。

3　高齢者もその家族もさまざま――インフォームド・コンセントの難しさ

最近、日本医師会が、「医師の職業倫理指針」を改訂するために各県医師会にとったアンケートを見る機会があった。病名・病状についての患者本人への説明、家族への説明の項では、次のような回答が目立った。

○ 高齢者が増加し本人の理解力の低下が問題となる。

○ 特に高齢独居の場合、本人に説明しても理解してくれたかが不安である。

○ 本人に告知しないときには、しかるべき家族に説明するとあるが、しかるべき家族が疎遠な場合もある。

○ 家族から本人に告知してくれるなといわれる場合、告知していないと治療はやりにくくなる。

逆に高齢者側から見れば、次のような状況があると推測される。

そもそも高齢者でなくとも、医師と患者では、基本的な知識と情報に差異がある。さまざまな検査を受けて数値を渡されても、その意味が十分にはわからない。素人だから当たり前である。それについて説明を受けても、十分理解できたとはなかなかいえない。しかも、重大な事態を告げられた場合は、冷静に話を聞いていられるわけがない。

いわんや高齢者になると、人によっては理解力の劣化のためにこのような懸念が倍加する。医師の方でも、高齢という理由だけで十分な理解ができないという前提で、むしろ家族に対し説明をすることになりがちである。だが、繰り返し述べるように、高齢者もさまざま、家族もさまざまである。その中で、説明した内容を文書化し、「理解しました」という署名だけを求められるようでは、問題である（実はわかっていないのだから）。

インフォームド・コンセント——説明義務違反と法

わが国では、説明義務違反があった場合に裁判所が何らかの慰謝料を認めることが多い。英語でいえば、インフォームド・コンセント違反というわけである。

インフォームド・コンセントは日本語では「説明と同意」と訳されているが、それでも十分に意味が伝わらないとして、結局、インフォームド・コンセントとカタカナ書きで表現したり、ICと略して使われる場合も多い。その結果、「ICをきちんと取ったか否か」が問題だというような言い方もなされる。

しかし、ICは医師が取るものではない。主語はあくまでも患者であり、患者がインフォームド・コンセントを与えるか否かこそが焦点となる。インフォームド・コンセントとは、十分な情報・説明を受けてその内容を理解したうえで同意（コンセント）を与えるか否かが重要だという法理であり、医療倫理である。それは患者の自己決定権に基づくものであるが、患者の求める医療を提供せよと命ずる権利を意味するものではない。医師が最善と判断した検査方法や治療方法について、拒否する権利を意味する（に過ぎない）。医師の提案に同意を与えないというところに、自己決定の意味がある。その背景には、かつては何が患者にとってよいかが医師の判断に委ねられ、患者もそれに満足していたのに対し、その後の医療の発展により、どこまでの医療をするのか、あるいは治療手段が複数ある場合にどれを選択すべきかについて、医師でも判断に困る例が現れ（典型は、植物状態患者の治療であり、または終末期の患者にどこまでの治療を継続するのが適切かという問題である）、そのような場合には、結局のところ、患者一人ひとりの人生であるから、患者自身で判断してもらうほかないことになったという事情がある。

インフォームド・コンセント違反の日本的特色——説明義務違反の法的意義

２００２年、わが国の最高裁は、医師には末期がんについて十分な説明をする義務があり、それがなされていない、すなわちインフォームド・コンセント違反だとして慰謝料請求を認めた。だが、実はこの言葉を生んだアメリカでは、単なるインフォームド・コンセント違反だけで勝訴することはできない。なぜなら、それが手術に対する同意のケースであれば、訴える側で、きちんとした説明を受けていたら当該手術を回避しただろう、その結果、現に生じた損害はなかっただろうという証明をしなければならないからである。つまり、きちんとした説明があったとしても普通の患者なら手術を受けただろうと考えられる場合には（言い換えれば適切な医療が提供されている場合なら）、損害賠償は認められない。よく法律家が用いる言葉、すなわち説明義務違反と「損害との間に因果関係の立証がない」からだ。

アメリカの場合、その場合の損害とは、「説明を受けていないことが後でわかってショックを受けた」というような精神的損害ではなく、明確に当該手術を選択しなければ、今まだ生きていたはずだとか、このような手術に伴う有害事象（身体的損害）はなかっただろうというものでなければならない。

ところが、わが国では、説明義務違反だけで慰謝料が認められる。インフォームド・コンセントの母国では勝てない訴訟で、日本では勝てるようになっている。

それが何を意味するかといえば、超高齢社会の日本では、このような紛争が裁判になりやすいということである。医師は説明し理解を得たと思うかもしれないが、高齢者の患者にはその理解が相対的に困難な人が多い。説明を受けるのが家族である場合にも、それが夫や妻であれば、そう世代は変わらないはずであるから、同様に、説明を理解できない、あるいは説明自体を受けていないと思う事例が増加するだろう。その結果、説明義務をめぐる紛争が増える可能性が大きい。しかも、日本でならアメリカと比べて、訴えれば勝てる可能性も大きい。

それを避けるためには、医師や病院は、とにもかくにも説明したことを立証できるように説明内容を記録に残すことに熱心になる。手術等で患者である高齢者が死亡した場合に訴えることのできるのは実際には家族になるから、高齢の患者ではなく家族の署名が求められるようになるだろう。ちょうど法律家について、高齢者と家族のどちらが依頼人かが難しい課題となったのと同様に、医師にとって、高齢者自身への説明以上に、家族に対し説明をして家族の同意を得ることが重要だ。何しろ、医師が適切な手術を行っても、一定のリスクのある医療では、結果が悪いケースは必ず起こる。その際にも、日本では、説明不十分だといえば一定の結果責任（慰謝料という名の賠償責任）を問える可能性があるわけだから。

しかしながら、裁判をおそれて説明をするというのは、そもそも本来の医療の姿ではない。十分な説明をするのは、まず高齢者自身に対してなされるべきであり、家族にもなされてよいが、いずれにせよどちらも素人であるから十分な理解は難しい。特に重大な事態では、本人ばかりでなく家族も同様にショックを免れないはずである。説明の詳細を理解する余裕を失い、どのような質問をしたらよいかもわからない場合が多いだろう。

このような状況の改善こそ、法律家が考えるべきことであり、医師と患者側の認識のギャップに基づく紛争の減少につながるはずだ。ギャップをすべて医師側の責任にして、賠償責任を認めて「はい終わり」とするのは法律家の怠慢である。そのような事例が増加すれば、「説明を受けました、理解して同意しました」と明記する文書への署名を増やすだけに終わる。

しかも何のための説明かといえば、医師や病院の安心のためだというのでは、何とも情けない。そうではなく、医師と患者・家族の理解や認識に格差があることが構造的に不可避なら、それを少しでも縮める仕組みを考えるのが、本当の法律家の任務である。たとえば、医療サイドで、あるいは高齢者サイドで、患者が受けている説明をわかりやすく通訳する人（『患者の権利』という著書で有名な、ボストン大学のアナス教授は、患者の権利代弁者という立場の、医療もわかる仲介者が必要だとしている）、患者・家族が疑問にもつはずの事柄を、その場で代わって質問してくれる人がいれば、理解や認識のギャップによる紛争がずっと減るに違いない。特に終末期医療に関する説明であれば、患者に対し、医療ケアチームと呼んでもいいようなチームでの対応が求められている。そうであれば、その一員である看護師に説明の場にも立ち会ってもらい、しかも、その場では、患者サイドに寄り添って一緒に説明を聞き、本当に患者・家族が理解しているかを確認し、聞きたいことを引き出して、質問もしてあげるようなことがあれば、結果的に後の紛争予防にもなるだろう。

これまでの日本の裁判例を見ると、このまま何もしないままでは、高齢社会における説明義務違反訴訟の増加が予測される。しかも、それによって患者に理解されるような説明が増加し、医療がよくなるとは思えない。

4　日本のガラパゴス状態――終末期医療の差し控えと中止――尊厳死法

終末期医療において、人工呼吸器等の延命処置を行うか否か、いったん始めた処置を中止できるか否かが時に問題となっている。そしてこの問題ほど、わが国の医療と法のゆがんだ関係を示すものも少ない。

たとえば、胃ろうの問題を考えてみよう。口から食事を摂れない状況になった患者に胃ろうを設置し、直接栄養を補給する手法は1979年にアメリカで生まれた。わが国では1990年代以降急激に広がり、しかも経口摂取ができるようになるまでの一時的手段という当初の想定を超えて、長期にわたり死ぬまで胃ろうによる栄養補給が続く患者が大半だという。しかも、それに法が絡んでくる（もっとはっきりいえば、間違った法の考えが影響を与える）。たとえば、家族は医師にこう説明されるという。

「胃ろうを設置することはできますが、いったん設置すると中止することはできなくなります。どうするか決めてください」

なぜ、中止できなくなるかといえば、それは殺人罪になるおそれがあるからだという。

ところが、胃ろうを生み出したアメリカ等ではこのような話は聞いたことがない。日本の中でしか使えないように発展した携帯電話を「ガラケー」と呼ぶが、ここでも日本はガラパゴス状態になっているようなのだ。しかも「ガラケー」にしたのは携帯電話業界の事情によるのだが、終末期医療の場面では法に対する考え方が悪影響を与えた。

たとえば、読売新聞2013年4月9日の記事は、胃ろうについてフランスに取材に行った記者の調査結果を伝える。それによれば、胃ろうは、フランスではあくまで治療のために一時的に行う医療という認識が共有され、逆に日本の状況について尋ねられたという。

「胃ろうは栄養失調の改善法。回復見込みのある人に積極的に使い、延命のために機械的に行うことはない。使い方が日本と全く違うようです。なぜ日本ではそんなに多いのですか。命の尊厳を大切にすることは、必ずしも延命ではありません」と。

何もしないで死なせたくない——胃ろう拡大の理由

医療社会学・倫理学を専門とし、終末期患者のケアに詳しい会田薫子氏は、日本において胃ろう設置が拡大した要因を次のように分析している。

① 医療提供の制度的要因

わが国では、国民皆保険制度の下で、病床区分が進められ、急性期病床での長期入院は不可能になった。摂食困難な状況の患者は、胃ろうを設置することで、療養型病院や老人保健施設等への転院が可能になるという。受け入れ側で、摂食困難な患者に対し、毎日三度の食事での丁寧な対応をする余裕はなく、胃ろうなら簡単だからである。

他の手段として、栄養補給には中心静脈栄養法もあるのだが、こちらは長期的には保険の対象とならない。胃ろうなら保険請求ができるし、保険点数も高い。

② 延命措置についての家族との関係

何もしないで死なせることに多くの家族は納得できない。ずっと介護してきた家族が「すでにもう十分なことをした」と感ずる場合でも、それまでは面会にすらあまり来なかった親族が急に現れて、さらなる医療措置を求める場合も多いという。ここでは本人の意思や利益ではなく、家族の満足のために胃ろうが設置される。

③ 法に反するというおそれ

先に「胃ろうを設置したら中止できない」と説明する医師もいると述べたが、そもそも胃ろうを設置しないことで、殺人罪や保護責任者遺棄致死罪に問われるおそれをいう医師も少なくない。どんな状態であれ、心臓を動かし続けることだけが価値とされて、それを法が守るのだ。だが、その法自体は、このような医療技術の発展を前提として作られたわけではない。しかも、胃ろうを設置しない選択をして、あるいは胃ろうを中止して、罪に問われた例は実際にはない。

それなのに、法の脅しも医療現場に大きな影響を与えている。

しかし、欧米の複数の研究では、終末期における栄養や水分の補給はむしろ「苦痛を伴わない安らかな死」の妨げになっているという。QOL（quality of life、生活の質）という言葉が、終末期医療と倫理の現場ではわが国でもすでに常識になっているにもかかわらず、法が、形式的な生命尊重だけを価値とし続けるのは、あまりに不合理である。次に述べるように、さまざまな世論調査では、わが国でも延命措置は不要と答える国民が多数を占め、延命は患者の苦痛を長引かせるだけでむしろ害だというのに、今でも一部の法律家は自らの思い込みと、形式的な法の適用だけを考えることから自由になれないでいる。

延命措置は誰のため——終末期医療懇談会報告書（2010年12月）

厚生労働省は1980年代後半からおおよそ5年ごとに終末期医療に関する世論調査を実施してきた。最新の調査結果は2010年にまとめられた。要点は次のようなものである。

○（一般国民、医師、看護職員、介護職員のいずれをとっても）終末期医療に対する関心は高い（80~96%）が、延命治療について家族と十分に話し合ったことがある者は少ない（3~7%）。

○　病態ごとに異なるものの、治る見込みがないと診断された場合、延命医療に対して消極的である。一方、自分自身の延命医療に比べて、自分の家族には延命医療を望む傾向がある。

○　死期が迫っている場合、延命医療を中止して自然に死期を迎えさせるような医療・ケアを望む者が前回より増加しており、苦痛を和らげることに重点を置く医療・ケアを望む者が半数以上を占める（52〜71％）。

○　リビング・ウィル（終末期医療に関する事前指示書）の法制化について、（リビング・ウィルに賛成と答えた者のうち）一般国民は法制化に否定的な意見が6割を超える一方、医師と看護職員は意見が二分している。

○　終末期医療に対して、悩みや疑問を感じたことがある医療福祉従事者は80％を超えている。

○　死期が迫っているときの療養場所として、63％の一般国民は自宅で療養することを望んでいるが、66％は自宅で最期まで療養することは困難であると感じている。その理由として、「家族への負担」と「急変した時の対応への不安」をあげる者が多い。

○　終末期医療の普及のために充実していくべき点として、「在宅終末期医療が行える体制作り」、「患者（入所者）、家族への相談体制の充実」をあげる者が多い。

このような傾向は、2010年の厚労省によるこの調査結果だけではない。多くの世論調査で同様の結果が出ている。

また、会田氏の分析が示すように、延命措置は本人のためではなく、場合によっては高齢者施設の事情や経営的利益、家族の思い込みや、本人のためではなくむしろ家族のために延命するというケースが多い。そして、法もまたその後押しをしているという。

そうであるなら、法と法律家こそ、本当に本人の意思や本人の利益を尊重することは何であるかを考えるべきである。

私は医事法の授業を、医師資格を有する弁護士の児玉安司氏と一緒に行ってきた。児玉さんからは多くのことを学んだが、その一つが次のような彼の経験である。

彼は横須賀のアメリカ海軍病院で1年間研修を受けたことがあり、臨終に立ち会うこともあり、その前に蘇生の試みとして、患者の胸を圧迫する心臓マッサージを行うことがあった。問題は、もはや患者が蘇生しないと判断した後で、いつまでマッサージを続けるかである。彼が学んだ日本の病院では、あるいは医学部では、立ち会っている家族の様子をうかがい、家族がもう十分ですという表情を浮かべるまでマッサージを続けるのが適切だと教えられた。ところが、アメリカの病院では、もはや蘇生は無理と判断したら「即座に」(instantly) やめてよいし、またやめるべきだというのである。それはもはや医療ではないから。

わが国の終末期医療の場面では、いったい誰のために治療を継続するかが今問われている。死を免れない人間が、その最期の瞬間である死についてまで、家族の満足という恣意的な基準で定められるというのは、本当に適切なことなのだろうか。心臓マッサージは肋骨《ろっこつ》が折れてもかまわないというほど強く行わないと意味がない。すでに死んでいるのなら、患者に痛みもないはずだからか、マッサージを継続してさらに数本の肋骨を折ってもかまわないとでもいうのだろうか。それが本当に医療倫理としても法のあり方としても正しいのかどうか、じっくりと考えるべき課題だと思う。

法へのおそれと実態――いわゆる終末期医療ガイドライン

さて、終末期医療への法の介入、あるいは殺人罪の適用というおそれに問題を戻そう。終末期の患者を早期に死なせたとして医師が訴追され有罪となったケースは、実はこれまで2件しかない。1991年に東海大学病院で医師が塩化カリウム剤を投与して患者を死なせ、1995年に横浜地裁で懲役2年（執行猶予2年）の有罪が確定した事件。そして、1998年に起きた川崎協同病院事件。気管支喘息《ぜんそく》で植物状態になった患者に対し、主治医が家族の目の前で気管内チューブを抜き、さらに筋弛緩剤を点滴投与して死亡させた。2002年になって医師が殺人罪で逮捕され、懲役1年半（執行猶予3年）という有罪判決が2009年最高裁で確定した。

いずれも執行猶予がついていること、単に延命治療を差し控えた事例でないこと、延命治療の中止行為といっても、積極的に死なせるための薬剤投与（積極的安楽死と呼ばれるような行為）まで行った事例であることに注意すべきである。さらに後者の最高裁判決では、気管内チューブの抜管行為について、家族からの要請に基づいているものの、きちんとしたインフォームド・コンセントの下でなされたものではなく、患者（被害者）の推定的意思に基づくということもできないから有罪を維持すると述べた。逆にいえば、適切な情報を得たうえで患者の意思に基づくものであるなら、犯罪にならないと明言したようなものである。

この間、2006年には、富山の射水《いみず》市民病院で、外科部長が複数の患者の人工呼吸器を外したとして警察の捜査対象となった。当時の厚生労働大臣は、医師が単独でそのような処置をしていたところに問題があるとして、何らかのガイドラインを策定すると記者会見で約束し、厚労省に検討会が作られた。その結果策定されたのが、「終末期医療の決定プロセスに関するガイドライン」（2007年）である（私はたまたまその検討会の座長を務めることになった）。

このガイドラインが示したのは次の3点だった。

① 終末期医療をどこまで行うかなどは、本人の意思決定に基づくべきである。ただし、家族も支援を行うためにその内容を知ることが大切であり、本人の意思が明確でない場合には、何を本人が望んでいたかを知るために家族の役割がいっそう重要になる。

② 医師は単独では判断せず、医療ケアチームでどのような終末期医療を行うかを検討し判断する。患者、家族、医療ケアチームが合意に至るなら、それはその患者にとって最もよい終末期医療だと考えられる。

③ 緩和ケアの充実を図ることは重要であり、国はその責任を負う。

要するに、このガイドラインは、終末期医療について丁寧なプロセスを尽くすことを求めたのである。そこでは、それが刑事犯罪になるか否かには言及していないものの、これらのプロセスを尽くした行為が犯罪になるわけはないことを当然の前提としている。

また、これ以降、救急医学会、日本学術会議、日本老年医学会など、終末期医療のあり方について、さまざまなガイドラインが出された。それらも基本的に同じ立場をとっている。

なお、射水市民病院事件は、2008年、富山県警から「厳重な処罰は求めるものではない」という意見つきで事件を地検に送ったことが報じられた。結果はもちろん不起訴となった。

さらに重要なことは、2007年以降、終末期医療の中止をめぐる事件はまったく報道されていないことである。ところが、それでも相変わらず、一部の医師や法律家は終末期医療の中止は犯罪となるおそれがあるという。

尊厳死法案と本当の課題――誰もが迎える終末期への法の支援

超党派の「尊厳死法制化を考える議員連盟」は、議員提出法案として尊厳死法案を提出する動きを見せている。もっとも、実際に提出されてみないとその成否はわからない。現在構想されている内容は、一定の手続を踏めば延命治療の中止も法的に免責すると明記する。

(免責)
第九条　第七条の規定による延命措置の中止等については、民事上、刑事上及び行政上の責任(過料に係るものを含む。)を問われないものとする。

そして、第7条では、「患者が延命措置の中止等を希望する旨の意思を書面その他の厚生労働省令で定める方法により表示している場合(当該表示が満十五歳に達した日後にされた場合に限る。)」で、かつ、「当該患者が終末期に係る判定を受けた場合」に延命治療の中止を可能

この「終末期
おまかせコース」で。
ハイ
よろこんでー。

としている。
法が、終末期医療に時代遅れで過剰な介入をするのを妨げようとする趣旨は適切である。しかし、このような規定だと、第7条によらないで延命治療の中止をすると逆にはっきり法律違反とされる。尊厳死法案には、他にもいくつかの問題がある（たとえば、第7条に明言されているように、15歳未満の子には尊厳死はできないとされる）。
私は、別の論文で（「終末期医療と法」）、21世紀のわが国では、次のような簡単な法律で十分ではないかと提案した。

第1条　終末期医療については、医療者は、独断ではなく、医療ケアチームによる判断をするものとする。
第2条　終末期医療については、患者の意思を尊重しなければならない。
2　患者の意思を尊重する手段としては、患者自身が判断できない状況において、患者が信頼する代理人（家族など）に判断を委ねることを含む。
第3条　この法律を実施するにあたり必要な事項は、厚生労働省令で定める。

そして次のような文章を付け加えた。

「この（私の）『法案』は、一切法的免責にふれていない。だが、これらの規定を遵守していれば、警察等による責任追及は行われないことになる。何しろ法律に基づいた手続を遵守しているのであるから。さらに、『国や地方公共団体は、緩和ケアの充実に努めなければならない』という条項を加えてもよい。つまり、この『法案』の基本的な考えは、終末期医療に関する法の目的は、誰しもが終末期をいずれ迎えるのであり、個々の人々にとっての終末期を心残りの少ないものにするため、法律も支援しようというものである。法律の形で多くの人が当然と考えることを確認する。それは、法は、実は人々の常識に合致したものであり、人々の生活を支援し保護するものだという、わが国ではこれまで少なかった法の見方を拡げる効果をもたらすと考える」

あらためて考えるともう1条加えてもよい。実は、リビング・ウィルや尊厳死という言葉の生まれたアメリカでも、問題は簡単に解決しているわけではない。リビング・ウィルは、患者によって実際に書かれない場合が多く、書かれたとしてもそれがそのまま効力を発揮する場面が少ないという。そして、最も重要なことは、いかにして患者本人の希望を引き出すか、そして患者や家族と医療者側との協議・相談・助言の機会をどれだけ繰り返し行うことができるかだという。そうであるなら、加えるべき1条では、「患者と医療ケアチームは、必要なら家族を含めて、患者にとっての終末期医療のあり方について、繰り返し協議を行わなければならない」という内容になる。

このような趣旨の法律ができれば、それは医療現場にもよい影響を及ぼすのではないかと私は夢想する。

5　同意・残薬・コスト——高齢者と医療——問題の広がり

これまで述べてきたように、高齢者の医療問題について、従来の法律家は、その一部の問題だけに狭い関心を向け、さらに時代遅れの法を形式的に適用することだけを考えてきた。だが、超高齢社会における高齢者と医療の問題は、もっと幅広く奥深い。いくつでも例をあげることができる。
①　高齢者の増加は、高齢者のための医療を促進させる必要を増す。たとえば、認知症の新薬を開発する過程で、高齢者を対象とする治験が必須となる。ここでは治験に参加してもらう際のインフォームド・コンセントのあり方が課題となる。より具体的にいえば、認知症が一定程度進んでいる場合には、誰が代わって同意をするのか。あるいは本人とともに説明を受け、同意を与えるのは誰か。

② 同意の問題は、臨床研究の場合にだけ生ずるものではない。そもそも診療に際し、検査であれ、手術であれ、同意が必要とされるが、判断力の衰えた高齢者の場合、それが容易でないケースがある。さらには家族もいない単独世帯が増加するのであるから、本人に代わって同意する人が見つからない場合も増えるだろう。そのようなケースで、アメリカであれば成年後見人が代わって同意を与えることもある。あるいは医療代理人を自分で決めておくこともできる。

ところが、次章で述べるように、わが国の成年後見人には、医療上の決定について同意を与える権限がないという。成年後見制度を利用してすら、このような状況である。もちろん、医療代理人を選任しておく例もない。医療の現場では難しい状況を抱える。

③ 近年、病院ではないところで安らかに逝きたいという声が強まりつつある。しかし、たとえば半世紀前のように在宅で亡くなると、とりわけかかりつけ医に頻繁に診てもらっている高齢者ではなく、元気で突然に亡くなった場合、医師は死亡診断書を書いてくれないことがある。すると警察がやってきて、とりあえず家族は容疑者扱いされる。それは本当に異常な事態だが、そんなことも身近な人が在宅で亡くなって初めて経験する。

④ 朝日新聞2015年4月8日付朝刊では、「高齢者、減らせ『残薬』『年475億円分』の推計も」という記事を掲載し、特に高齢者は飲み忘れる薬が多いこと、そして薬剤師を中心

とする専門家がそれを防ぐためにさまざまな努力をしている様子を伝えている。ここでは、医療の質とコストが関係する。そもそも飲み合わせの悪い薬のチェックも不十分なうえに、服薬すべき薬を飲まずにいてよい訳はなく、いずれもそれらは医療の質と深く関係する。同時に、年475億円分の結果的に無駄な薬の処方があることも示唆されており、本当にこれだけの薬を投与する必要があるのかが課題となる。

服薬の現状を把握することができれば、基本的に出来高払いの仕組み（使っただけ費用を取れる仕組み）をとる国民皆保険制度の下で、本当に適切な薬の使用がなされているか、実際に薬は効いているのかいないのかを調査する絶好の機会でもあるはずだ。医療の質とコストの適正さを確保するのも、法的な課題である。

⑤　例示の最後として、医療へのアクセスとコストの問題を再検討する必要もある。病院中心の医療提供体制はすでに終焉に近づいたという分析もある。本当に具合の悪い高齢者は通院できない。慣れ親しんだ在宅で暮らし続けたいという希望もある。そのようなケースに対応するために訪問看護や訪問医療（昔でいう往診体制）が重要になる。そのためのコストを、後期高齢者というだけで、一律に自己負担が1割（あるいは2割）になるという制度が、本当に公平なのだろうか。

何度もいうように、高齢者もさまざまなのである。金融資産をはじめとする富の蓄積が高齢者に偏っているという調査結果もある。もちろん比較的低額の年金しか収入がない人たちもいるが、そうでないリッチな高齢者も現実に存在する。国民皆保険制度を今後とも維持してゆくために、現役世代と高齢者世代との負担のあり方ばかりでなく、高齢者の中での富裕層と貧困層での適切な負担のあり方を考えることは、まさに制度の根幹に関わる法的な課題である。

高齢者と医療をめぐって法律家が注目すべき問題は、本当はいくらでもある。

第4章　高齢者と成年後見制度

1　絶望的な数字が語るもの——成年後見制度とその問題点

2015年4月5日の朝日新聞は、一面トップで「自治体の後見申請急増　身寄りない認知症高齢者の財産保護」と題する記事を掲載した。「成年後見制度」とは、「認知症や知的障がい、精神障がいなどで判断力が不十分になった人を支援する制度で、2000年に始まった。親族や弁護士などの専門職らが成年後見人となり、本人に代わって金銭管理や介護・医療に関する契約などを行う。利用者数は2013年末で17万6564人」という解説を付けて。

ただし、この記事は明らかに無理なことを求めている。記事の中に、「認知症高齢者は推定で500万人近くいて、一人暮らしも増えているとみられるが、成年後見の利用は17万人にとどまる」とあるのだから。成年後見の利用は毎年1万人ずつ増えているという。ということは、500万人に成年後見人を付けるためには、あと483年かかる理屈になる。しかも認知症高齢者は500万人で止まるわけではなく、もっと増えることが予想されているのだ。いくら長寿になっても、そんなに待てる人はいない。自治体による法人後見がどれだけ増えても絶対に全部の需要はカバーできない。それは数字を見るだけで誰でもわかりそうなものである。

前章において述べたように、医事法の目的の最初が、適切な医療へのアクセス（利用可能性）を確保することであるとすれば、成年後見制度の目的の第一にも、「成年後見を必要とする人にはすべて適切なアクセスを」ということになるはずだ。しかし、それは数字だけ見ても絶望的なのである。そうだとすれば、自治体を叱咤激励することよりも、別の方策を考える必要がある。

後見制度を避けなさい――アメリカの論文

成年後見制度はアクセス（つまりは量）ばかりでなく、質の点でも問題があるとする分析がアメリカではなされている。ピッツバーグ大学のフロリック教授は、アメリカにおける高齢者法の代表的学者の一人である。彼は、「あなたの依頼人とあなた自身のために、どうすれば後見制度を避けることができるか」という論文を公表した。掲載されたのはアメリカ弁護士会発行の雑誌であり、ここでの「あなた」とは弁護士を指している。

この表題自体が、一生懸命、成年後見制度を拡げようと努力しているわが国の人たちにはショックだろう。要するに、後見制度は避けた方がよいと明言しているわけだから。では、なぜ後見制度を避けるべきなのか。

彼は、85歳以上になると3分の1から半数程度は何らかの程度で認知症になるという現実から話を始める。それは高齢社会における多くの人にとって、自分自身に直接関係する現実の恐怖である。だが、そうならないようプランニングすることはまだできない（認知症の完全予防策はまだないから）。私たちにできることは、成年後見制度が必要になるような事態に陥る可能性が自らにもあることだけはわかるので、あらかじめ後見制度を避けるようなプランニングをするべきだ、というのである。つまり、後見制度を利用するのは、そのプランニングをしなかったこと、できることをしなかったという人生の失敗を意味するのである。

では、なぜ後見制度を利用することは失敗なのか。

① 後見制度に入ることは、自己決定を失ってしまうことである。

② 費用も高いうえに、後見人にとっても負担が大きい（なおアメリカの後見人は、財産管理だけでなく、医療上の決定も含めて、被後見人のためにさまざまなことをしなければならな

い）。

③　誰が後見人になるかで家族間の争いを引き起こしやすい。

④　最後に、裁判手続になるので、さまざまな事情が公開されて当事者にとっては恥ずかしい事態となる。

この最後の点の一部は、日本には当てはまらない。後見人選任手続は家事審判手続とされて非公開になっているからである（裁判は公開という原則が守られているアメリカ人からすれば不思議に見えるはずである）。しかし、他の事情は、わが国の成年後見制度も基本的には同じことがいえる。

また、ここでは指摘されていないが、成年後見制度の欠陥としては、裁判所で後見人を選任してくれるよりも前から必要性があるはずなのに、それまでは何らの保護がないという点もある。

大事なことは、フロリック教授が、これら問題点の多い成年後見制度を採らない別の道があることを指し示している点である。それは、裁判所に行くような手間をかけずに対処する方法であり、自前で、つまり自力で準備できる。いずれもＤＩＹ（do it yourself）というわけであり、「自分でやれます」ということも可能なのである。ただし、そうはいっても、実際には弁護士の助言があった方がよいといわれている。自前の方法とは、持続的代理権（durable power of attorney)、生前信託(living trust)、適切な住まいの選択、そして医療に関する事前指示(advance directive)の組み合わせである。

これを適切な形で行っておけば、後見制度がもたらすデメリットを回避できる。先の列挙事項との対比でいえば、次のようなメリットがある。

① 自己決定の要素を残すことができる。

② 費用も安価で、本人が頼りにする相手方にとっても、本人の指示が一定程度あるので任務を果たすことがずっと容易になる。

③ 家族間の紛争も起きにくい。

④ さらに、アメリカでは公開の裁判手続に行かなくてよくなるわけである。もちろん成年後見人選任手続を踏むより早期に対処もできる。

ここで最も重要な点は、これらの大半はわが国の法制度の下でもできそうだということである。ところが、実際には日本ではこのようなことを行っている人はいないし、勧められてもいない。それはどうしてなのだろうか。

ともかく、アメリカ人が普通に使っている方法を、以下、簡単に説明する。

2　アメリカで用いられている後見制度に代わる手段

認知症になる前に――持続的代理権

まずは持続的代理権（durable power of attorney）である。簡単にいえば、認知症になる前に代理人を選任しておく委任状を作るということであり、「持続的」というのは自分が判断能力を失っても代理権授与の効果が有効に「持続」するという意味である。

アメリカの代理法では、本人が死亡すればもちろんだが、死亡しなくても判断能力を失った段階で直ちに代理関係が終了するとされてきた。ところが、まさに自分に後見人を必要とするような段階でこそ、財産管理や医療上の決定などを誰かに託す必要がある。それならそれに対処しようというので、「代理権が持続すると定めておけばその法的効果を認める」という法律を50州すべてで制定した。power of attorneyというのは、本人が誰か自分の信頼できる人（複数でもよい）を指名して、一定の行為について代わってやってもらおうとする委任状を指し、それを持続的なものだと明記すればよいだけなのである。もちろん考えが変わればいつでも撤回も変更もできる。

この持続的代理権という手法は、実は日本では新たに法律を作らなくともできそうなのである。日本の代理権は、本人が死亡すれば自動的に終了するものの、本人が判断能力を失っただけでは失効しないとされているからである（民法第92条）。

だが、自分が認知症になった場合に、一定の財産管理を委ねるような形で代理人を利用する習慣がなく、仮に誰かがそれをしても、一片の委任状だけで代理人と交渉する相手方がただちにそれを信用するかも不確定な現状では、このままでは日本で広まらないだろう。むしろ、明確に新法を制定し、このような形で自分が認知症等で判断能力を失った際に一定の行為を委ねる委任状は法的に有効だと宣言するのが、有用であり、必要だと思われる。

生きている間に生前信託——遺言の代わり

アメリカでも持続的代理権だけですべてがまかなえるわけではない。特に財産管理を委ねられても困るというので適切な代理人が見つからない場合もある。また、代理人はあくまでも代理人であるから、財産はすべて本人のもののままである。本人のものといっても、もはや本人がどうしようもない状況であるなら、いっそこのような事態に備えて財産の所有権まで他人に移して、その人（受託者と呼ばれる人）に完全な財産管理権を委ねることが行われる。

そこで、アメリカの高齢者に対しては撤回可能な生前信託を設定するよう助言がなされる。living trust というのは、本人が生きている間に設定する信託をいうのだが、この信託を1960年代に初めて工夫した弁護士は、loving trust（愛情ゆえの信託）とキャッチ・フレーズを付けて宣伝し、多数の人たちが作成するようになった。これまた標準的な書式が普通の本屋で販売されており、弁護士の手を借りずに自分だけでも作成ができる（弁護士はそれでも専門家の助言を得た方がよいとはいうが）。

自分の信頼できる人（複数でもよいし、それが普通である）を受託者として、その時点で本人が所有しているほとんどの財産を信託する。その意味は、所有権を移すということである。思い切ったことをするものだと思われるかもしれない。しかし、所有権移転は多くの場合、実は形式だけのことである。たとえば、撤回権は残しておくので、いつでもやめることもできるし、受託者に指図もできる。もちろん撤回ばかりでなく内容の変更も自由である。それどころか当初受託者は本人自身にしておく場合が多い（つまり財産移転も必要がない）。本人が生きている限り、課税関係も変わらず、税法上、税は受託者ではなく本人にかかり続ける。

大事なことは、本人が判断能力を失ったとたんに、撤回権の行使もできなくなるので、この信託が確定する（撤回できなくなる）点である。したがって、アメリカではこのタイプの信託は、遺言代替方法とも呼ばれ、実質的に遺言と異ならない。その時点で、信託であらかじめ定められた後継受託者に受託者を変更することになっている（ここで本当に本人が信頼する受託者の出番となる）。自動的にそこから後継受託者が財産管理を始める。日常的な経費の支出等は持続的代理権を付与された代理人、そうではないもっと多額の資金やその他資産についての投資運用は信託財産として受託者がその管理を行う、というように役割分担がなされる。

このような仕組みを本人が生前に作っておけば、後見制度に頼る必要は全くなくなるのである。後見制度と違って、頼りたい人を自分で決めておくことができる。しかも、判断能力のあるうちに、一定の指示をつけることもできる。代理人や受託者には一定の指針があらかじめ与えられる。信託の本来の趣旨は、後の第6章で説明する相続手続の代替方法なのだが、前にハワイ大学の先生（専門は信託法）を訪ねたときに、高齢者が退職して移り住んでくることも多いハワイでは、後見制度の代わりとして多く利用されていると聞いたことがある。裁判手続に行かないで、自分が判断能力を失った場合のために、自分で備える財産管理方法として信託が使われているというわけである。

日本では実は１９２２年から信託法が存在する。２００６年には全面改正も行われた。改正の主要な目的は、もっと多様な信託利用を可能にするところにあった。しかしながら、アメリカのように、高齢者が、認知症になったときや急に死亡した場合に備えて、遺された人のために利用するという意味ではいまだ発展していない。なぜアメリカで活用できるものが日本ではできないかは大きな課題である。

早めの引っ越し——適切な住まい

アメリカでも、持続的代理権と生前信託によって、財産管理について万全を期しても、なお家族から後見人選任の申請が出される場合がある。その多くは、高齢者が高齢者には不適切な住まいに住み続けているケースであるという。典型的な例としては、高齢者が昔からの住まいに住み続けたいというのだが、子どもからするとそれでは不安だという場合である。

日本でも、実は高齢者が施設に入るきっかけとなるのは、子どもの勧めによる場合が多いというから、このあたりは日米で似たような状況がある。大きな違いは、アメリカでは、親が拒んでも、子どもが裁判所に訴えて、後見人になりそれを実現しようとする例があることであ(もっとも、日本でもありうるが、明確に拒否を主張できる段階では成年後見人はつけられないのではないかと思う)。実際、高齢になった親は、すでに弱り切って、階段のある家は危険だったり、一戸建ての家の管理はもう無理だったりする場合もある。あるいはアメリカでいえば、買い物に出るには車で行かなければならない場所に家があり、自動車の運転も危険ということもある。それでも昔ながらの家を離れるのを高齢者は拒み、子どもとの間で争いになる。

このような親と子の争いを避けるには、高齢者となった親が、若い時代から住んできた家を維持するのが無理なことを素直に受け入れるのがよいと、フロリック教授はいう。実際、郊外の一戸建てに住むような高齢者には、住み続けることが負担となることが多く、またリスクも大きくなる。高齢者自身も、昔からの家で暮らすのは大変だと実感することも多い。その場合は、自分の現状にふさわしい高齢者用の住まいを探すことになる。

そのような状況を背景に、高齢化が進みつつあるアメリカでは、高齢者用の住まいの供給が増加してきた。商店やレストラン、教会、病院等が近所にある場所に、日本でいうマンションが作られ、安全管理もしっかりしているなら、子どもも安心である。

さらに金銭的に余裕のある層のためには、CCRC（continuing care retirement community、継続的ケア付き退職者コミュニティ）という新たなタイプの住まいが増加しつつある。これは、独立して住むことのできる時代に入居すると、身体の具合が悪くなるにつれて、まずは介護サービスが提供され、独立に住むのが無理になると、グループ・ホームやナーシング・ホーム、最終的にはホスピスまで同じ地域、すぐ隣の場所に備えて、遠方への移転が不要となる高齢者用包括的サービス・コミュニティを指す。もちろん同じ地域（または同じ敷地）内に、レストランや音楽ホール、フィットネス・クラブなど、さまざまな住民交流施設があるところもある。

つまりは、まだ元気なうちに、その後ずっと住み続ける場所（本当の終《つい》の住処《すみか》）への移転を考えておくべきだということである。

20代や30代から住み続けた所からは移転せざるをえないが、高齢の時代が長引くにつれて、一定の長い年月を同じ場所で住み続けることのできるプランニングが必要だというわけである（高齢者の住まいの問題は、このところ進められている日本版CCRC構想を含めて、次の第5章でさらに詳しく取り上げる）。

医療に関する事前指示——信頼できる他人に委ねるのも自己決定

アメリカの持続的代理権は、財産管理だけでなく、そうしようと思えば医療上の決定についても委任することができる。これも日本においてリビング・ウィル（終末期医療について、あくまでも自分の指示を書面にしたもの）を広めようとしている人にはショックだろうが、それよりもずっとよいものと評価されている。

なぜかというと、アメリカではリビング・ウィルの法律上の効果を認める州法がすべての州で制定され、かつては終末期医療における自己決定の切り札とされていたが、実際には機能しない場面が多かったからである。法律で定めると、典型的には、どのような場面で利用できるかが限定される（死期が近い場合でかつ意識不明の場合など）。いかなる延命治療を拒否するのかも、そこで想定している状況と実際に生ずる事態とは異なる場合が多い。それどころか、そもそもリビング・ウィルが発見できないケースもある。根本的には、数年前、場合によっては数十年前の元気なときに作成されたリビング・ウィルを尊重することが、本当に自己決定の尊重になるのかという疑問もある。さらに、実際にリビング・ウィルを作成する人はアメリカでも多数とはいえない。

そこで、むしろ自分の生き方、死に方を十分わかってくれる人を、医療代理人に選任しておく委任状（持続的代理権）が使われるようになった。代理権を与える際に、終末期医療に関する自分の基本的な考え方を伝えておく。委任を受けた医療代理人は、それに基づいて、現実に生じている事態について、本人の病状や苦痛の程度などに応じた判断ができるし、医師の方も、相談できる人がいるので助かる。

わが国では、裁判手続まで経て選任した成年後見人に医療上の決定権を与えない。それは、成年後見制度が主として財産に関わる法律行為を委ねるもの、という一部法律家の思い込みによる部分もあるが、実際の医療の現場では、家族でもない後見人が生死に関わる決定をすることはできないという判断があったと考えられる。後見人が家族とされる場合でも、家族の中でその人だけで決定できるか、あるいはそれが適切かという疑問もあっただろう。

だが、わが国においては、すでに家族もいない高齢者が救急車で運ばれるケースが増えている。医療代理人という制度は、そういう人でも、いざという時にはこの人に頼むという自己決定の機会を与える。家族の中で一人だけが医療代理人として指名されている場合には、一人で決めるより、他の家族ともじっくり相談してもらう方がよいものの、最終的には本人が頼んだ人に決定権があるなら、袋小路に陥る危険は少ない。何しろ、本人の意思が大事という基本線が維持されるからである。しかも、裁判所に行く必要もなく、本人が書いたかもしれないリビング・ウィルを探し回る必要もない。医療代理人になるような人は、何らかの形で日頃から高齢者に寄り添っている人のはずであり、救急車で運ばれる高齢者に付き添ってくることが予想されるからである。

最後に法律論として、繰り返しになるが日米の違いを一つ。アメリカ代理法では、本人が判断能力を失うと代理権は自動的に失効する。だからこそ、失効しないで「持続」する代理権を法律で認めた。わが国の民法では、代理権は、本人が判断能力を失っても自動的に失効しない。いわば民法で持続的代理権を認めているのである（民法第92条）。しかし、実際に医療現場で本人が記した医療代理権委任状を示された医師が、「あなたが医療代理人ですね。現状を説明しどのような選択肢があるかをお話ししますから、本人に代わって決定してください」というだろうか？

それをよしとする法律が実際にはあるのに、誰もそれを知らないのである。これも、民法上の代理権がそのような場面で使われることを想定しておらず、実際に利用されたことがないからである。医療者も、急に「医療代理権委任状」というような書面を示されて、「私が医療代理人です」といわれても、その人に状況を説明し、決定を委ねることができるかといえば、相当に不安を感じるだろう。そうだとすると、はっきりと「医療代理人法」というような法律を作った方が、本人の希望をかなえる手段となる。信頼できる他人に委ねるのもまた自己決定である。もちろん医療代理人は自分の考えを押しつけるのではなく、代理人であるから、「仮に本人だったら、何を希望しただろう」と考える。あくまでも本人の自己決定をこのような形で実現する手段であるから。

ともかく、以上のようにフロリック教授は、「裁判手続による後見制度に頼ることなく、自前で自己決定を図る手段があるのだから、それを使おう」と呼びかける。弁護士に対しては、弁護士がついていながら後見制度に頼る結果となるのは、弁護士として失格だというわけである。

先にも強調したように、日本では、認知症患者を含めて判断能力を失う高齢者が何百万という数で存在し、この先増加することが予想されている。2000年にできた成年後見制度は、それに対処する方策としては欠陥品であり、しかも実際には全部の人が利用できる状況には絶対にならない。後見人が必要なすべての人にいきわたるのは数字から見て何百年も先になる。裁判所もそれだけ多くの後見人選任に対応する態勢がない。需要に見合う数の後見人を探すのも困難である（たとえば弁護士や司法書士の数を一挙に10倍にして、1人10件の後見人になるのを義務づけるというくらいの荒療治があれば別だが）。多くの人にはアクセス不可能な制度なのである。

そうだとすれば、フロリック教授の助言は、日本でも大いに参考になるはずである。ところが、日本には実際には法の壁がある。たとえば生前信託。フロリック教授のいうような信託が日本で使えるかといえば、そうではない。医療代理人という制度も、たぶん新たに法律を作らないと広まらない。何しろ法律家がそのような便利すぎる制度に疑問を呈しているからである。

なお、裁判所を通さないこのような、いわば「自前の後見制度」を作り出すと、「受託者や代理人が裏切ったらどうする」という議論がきっと出てくる。登記や登録が必要なわけではなく、資格の認証もなく、さらに裁判所に行くこともなく、あまりに簡単にできるから。しかしながら、実際にアメリカでは機能しているではないか。もちろん、アメリカでも、中には本人の希望を裏切る代理人や受託者もいるだろう。ただし、それが多数になるなら、このような仕組みが生き残るわけはない。アメリカ人には信頼できる人が相対的に多くて、日本では、結局のところ、家族を含めて誰も信用できない人ばかりだというのだろうか。

さらに、新聞等で報道されたように、後見人が財産を自分のものにしてしまう事例が頻発し、わが国では、成年後見制度の信用に関わるとして、「後見制度支援信託」なるものを作り、2012年から取り扱いが開始された。これは、すぐに使う必要のない多額の金銭については、信託銀行に信託し、それを使う必要のある場合（たとえば家の修繕改築など）には、後見人が家庭裁判所の許可を得て金銭を引き出すという制度である。その利用も増加しているという。

このことは2つのことを教える。一つは、裁判所を通じて選任した後見人も裏切ることがあるという現実であり、もう一つは、それに対し信託制度を利用して財産の保全を図ったものの、そこでの対象は金銭だけであり、結局はまた裁判所の手を借りるという面倒をしなければならないという意味で、すばらしいとはいえない弥縫策《びほうさく》にとどまるということである。

裁判所にこだわる必要はない。高齢者の生活を支援するために、日本の裁判所は大いに役立ってきたとはいえない。彼らが選任した後見人が不祥事を起こしても責任を取ってくれるわけでもない。自分たちで、自分たちを守る仕組みはできるし、その方がずっと柔軟で本人の自己決定が実現できることを、フロリック教授とアメリカの経験が教えている。

3　任意後見契約の不思議——アメリカの制度と似て非なるもの

アメリカのような自前の制度としてのプランニングに、少し似ている制度がわが国にもある。それが任意後見契約である。本人に判断能力があるうちに、判断能力を失った場合に自分が信頼できる人に自らが定める権限を委ねておくことができる。アメリカの持続的代理権と同じものを契約の形で定めておくことができそうなのである。実際、任意後見契約はまさに本人の自己決定を尊重し実現できる手段だと喧伝されている。

しかしながら、それは裁判所へ行くなど面倒な手続を回避して、自己決定を実現する代替手段となっていない。

第1に、公正証書による必要があり、任意後見契約の登記もしなければならない。

第2に、実際に任意後見契約が発効するためには、やはり家庭裁判所に行かねばならない。

それなのに、任意後見人に付与されるのは代理権のみであり、契約の取消権はないという。具体的には、私が判断能力を失った場合、それにつけ込まれて高価な（しかも私にとってまったく意味のないような商品を購入する）契約を結ばされたとする。さらに、この契約はクーリング・オフ（一定の消費者契約については、一定期間なら消費者が取り消すことができることになっている。たとえば、訪問販売や電話勧誘に負けて商品を購入した場合、頭を冷やしたら〔クーリング〕、結ぶ必要のない契約だと判断したとする。契約から8日間以内なら取り消す〔オフにする〕ことができるという制度である）の対象となっており、一定期間なら簡単に取消もできるとしよう。

法定の成年後見制度が開始されていれば、私には契約能力はないので、そもそもクーリング・オフの必要すらない。その契約は無効だからである。念のため、成年後見人には本人が結んだ契約の取消権もある。

任意後見人も同じことができてよさそうである。何しろ、任意後見契約は公証人の前で公正証書によって作成されており、登記もされ、さらに家庭裁判所でいわば認可されて発効しているのだから。ところが、わが国の任意後見人は、クーリング・オフすらできないという。もちろん私自身は判断能力を失っているので、クーリング・オフが何を意味するかもわからない。クーリング・オフに限らず、任意後見人には代理権はあるが取消権はない。これでは、アメリカと同様の自前のプランニングはできない。「成年後見制度に行くのは止めて、任意後見契約で行きましょう」とはいえないわけである。

アメリカの持続的代理権とは大違いなのである。どうして、わが国ではこんな中途半端な仕組みが作られるのか私には理解できない。しかし、逆にいえば、日本の制度はこれから大いに改善の余地があるということでもある。超高齢社会において、2000年にできた後見制度は失敗作だったことがはっきりしていくだろう。失敗から学んで、制度を改善していく好機である。

一つ、すでに現場で工夫がなされている点があるそうだ。任意後見契約が発効するのも家庭裁判所の認可を経てからという仕組みでは、実際には困るので（つまり、それ以前から任意後見人が助けてあげないといけない状況に陥っているので）、一部の弁護士は次のような対処をしているという。それは、公正証書によって任意後見契約を結ぶと同時に、普通の委任契約（内容はまったく一緒である）を結んで、すぐさま受任者として高齢者のために働けるようにしているのである。制度の不備を現場ではこのような工夫で補っている。こういう工夫がわが国でもなされる限り、それを広げて、法制度自体の改善に導くこともできるはずである。

第5章　高齢者と住まい——終の住処の選び方

1　多様な選択肢？　どうやって選ぶのか、選べるのか

高齢者については、どこを終の住処にするかが課題となる。前章で述べたように、アメリカでも、これが大きな問題の一つだった。高齢者は住み慣れた家を離れたくない。だが、アメリカの田舎で一戸建ての家を構えている高齢者を想定すると、その家を維持していくのも、そこで暮らすのも大変になっていく。

わが国でも、事情は変わらない。とりわけ高齢者が認知症の状況になり、あるいはそうでなくとも単身世帯の場合、子どもが高齢者用の施設に入るよう勧めてくる場合が多い。

この点に関連して、韓国の高齢社会問題研究者が日本の高齢者施設を調査して驚いたことがあるという。施設に入っている高齢者について、その子どもが訪問したり、電話をかけてくる回数が韓国に比べてはるかに少ないというのである。このような話を聞くと、高齢者施設入居は、子どもたちの安心のためであり、本当に高齢者のためなのか、そもそも高齢者の自発的な意思での入居なのかが問われざるをえない。もちろん、高齢者の状況もさまざまであり、子どもとの関係や、子どもの生活状況も多様であることには留意する必要があるが。

住まいについていえば、現在のわが国では、「空き家」問題が深刻になっている。過疎化が進む地方だけでなく、都会でもさまざまな事情で放置された空き家が増えている。高齢者にも家がなくて困っている人はいるから、空き家にするくらいなら貸してあげればよいと思うのだが、高齢者への貸し渋りが多い。貸す側からすれば、高齢者に貸すことにはためらいがあるという。

認知症までいかなくとも、高齢になるとさまざまに失敗をすることが多い。火事を出されたら困る。水漏れで下の階に住んでいる人に迷惑をかけるのも困る。もちろん死んでもらったらなお困る。孤立死のような形でいつまでも発見されずに死んでいたのでは大きな問題になるから、家主が生存確認しなければならない。もちろんかつての大家と店子《たなこ》の落語のような世界はもうほとんどない。いわんや認知症になった人の世話まで見ざるをえなくなるのはご免だ。そういった理由で、朝日新聞2015年2月7日の記事は、国土交通省の2010年の調査結果によれば、貸す相手として「単身の高齢者は不可」が最多の40・6%。「高齢者のみの世帯は不可」が34・9%という数字を紹介している。空き家が多いのに、高齢者は住まいが見つからない矛盾、これこそ法や法律家の出番ではないか。もちろん、高齢者に貸さない家主を刑務所に入れるというような野蛮な方法で解決する問題ではない。そうではない法の知恵、法律家の知恵が求められている。

多様な選択肢?

一方でそのようなさまざまな課題がありながら、高齢者の住まいについてわが国の現状を見ると、まずその選択肢の多さに気がつく(たとえば、『後悔しない高齢者施設・住宅の選び方』10頁)。

【高齢者の住まい】

A公的施設　①介護保険3施設　特別養護老人ホーム（特養）
介護老人保健施設（老健）
介護療養型医療施設
②シルバー・ハウジング
③ケア・ハウス
B民間施設　④介護付き有料老人ホーム
⑤住宅型有料老人ホーム
⑥グループ・ホーム
⑦サービス付き高齢者向け住宅（サ高住）
⑧シニア向け分譲マンション
C自宅　⑨自宅＋居宅介護サービス・訪問看護サービスなど

すでにこれだけ細分化している。しかも、かつては高齢者向けの賃貸住宅である⑤の住宅型有料老人ホームの中に、政府が奨励するものだけでいくつもの種類分けができていた。

高齢者円滑入居賃貸住宅（高円賃）
高齢者向け優良賃貸住宅（高優賃）

高齢者専用賃貸住宅（高専賃）
適合高齢者専用賃貸住宅（適合高専賃）

これら4種類の制度はすべて、高齢者が家や部屋を借りようとしても、高齢者への貸し渋りが生じているので、その事態を何とかしようと政府も工夫してきた歴史を示す（Q＆A『サービス付き高齢者向け住宅のすべて』14頁）。たとえば高優賃は、高齢者向けの賃貸住宅を建設する事業者に補助金を出して、需要に応えようとした。ただし、これらの区分はすでに2011年に廃止され（もっとも地方自治体で、似たような制度を維持しているところがあるという）、⑦のサービス付き高齢者向け住宅、いわゆる「サ高住」に統合された（もっともすべてが「サ高住」になったわけではなく、普通の民間有料老人ホームもある）。

ともかく、どうしてこんなに高齢者の住まいが細分化し複雑化するのか。それぞれ監督官庁が異なる場合が多い（それは一種の日本病と呼ぶことができる）。認可施設の場合にはそれぞれ根拠法も別々である。ただし、同じ基準に基づく高齢者用の住まい（たとえばサ高住）でも、その質がどこでも均質ということはありえない。結局のところ、それぞれの施設の立地や料金、そこで提供されるサービスの質によるから、個々の高齢者にとって、「合う・合わない」が出てくる。

選択肢が多いのはよいことのようでそうではない。実際には、高齢者の病状や資産状況によって、選択肢のない場合も多い。

たとえば特養は要介護3以上の人しか入れないうえに（2015年4月から入居要件が厳格化した。要介護3とは、中等度の介護が必要な状態とされている。具体的には、身だしなみや居室の掃除などの身の回りの世話が自分ひとりでできない、立ち上がるのにも歩行にも介助が必要、または排泄が自分ひとりでできないとか、問題行動や理解の低下が見られることがある状況だとされる）、その要件に合う人でも待機者が多い。全国で特養に入居している人は約50万人（2012年）、待機者は52万人（2014年）ともいわれる。この場合、空きが出たら「ありがとうございます」といって入居する以外、選択肢はない。

同様に、高額の費用を要する民間のホームは、多くの人にとって高嶺の花に過ぎない。だが、それでもいくつかの選択肢がある場合に、どれを選ぶべきかは難問である。まさに自己決定の機会があるわけだが、容易に比較検討できるわけでもない。誰か助言をしてくれないものだろうか。

契約という仕組み――介護保険法施行、措置から契約へ

これらさまざまな施設に入居する際には契約が結ばれる。特に、介護保険3施設の場合、それまで公的施設に入居するのは「措置」だとされていたものが、2000年の介護保険法の施行以来、「措置から契約へ」というキャッチ・フレーズが喧伝された。それまでは施設入居を行政権限による「措置」としていた。それが、介護保険料を毎月支払ったうえで入居するのだから「契約」と考えるようになったのである。さらに、契約であれば、高齢者の自己決定、選択が可能になるはずだ。

私自身、つい最近、このように長く住む施設ではないが、ショート・ステイ・サービス（短期間、要介護者が施設に入所しサービスを受けるもの）を提供する通所施設との「契約」を実体験した。在宅で暮らしていた義母が、急に在宅では無理な状況になったからである。その施設に義母を連れて行くと、まず契約を結ぶ。施設側の担当者が契約の説明をする。ただし、要点を説明するのではなく、文字通り、契約書を読み上げるのである。契約は20数カ条程度のものではあるが、それに付随して「重要事項説明書」なるものがあり、読み上げには20分以上かかったような気がする。担当者は「申し訳ありませんが、こういう形で、きちんと読み上げるように定められているものですから」という。

そしてそれが終わって、契約書に署名・捺印をし、さらに割り印まで押して、ようやく契約ができたということになる。おそらく日本全国でこのような「契約の儀式」が行われている。なんだか滑稽な感じがする。おそらく、多くの場合、契約条項に質問する利用者やその家族はおらず、いわんや契約条項の一部について交渉が始まり、何らかの変更が加えられることなどないような気がするからである。私自身、「自分は法学部の教授であり、この条項には疑問があるので、こう変えてほしい」というようなことは一言もいわず、ただ黙って30分近くを耐えていた。

2 契約書を読んでみた

わが国の介護保険施設は、「措置から契約へ」大転換を遂げたという。そこで、実際にどのような契約書なのか、特養の入所契約書を読んでみることにした。単に契約書を読むだけで実態がわかるわけではない。それでもまずは読んでみようと考えた。

その際、私がとった方法は、アメリカの類似の施設における契約書との比較である。選んだのはナーシング・ホームである。特養とナーシング・ホームが同じかは議論の余地がある。ただし、介護や医療を必要とする人たちが入居している点は同じであり、さまざまな規制がかかっている点も同様である。日本の特養は地方自治体や社会福祉法人でないと設置主体になれないが、アメリカのナーシング・ホームの大半は営利会社が経営しているという大きな違いはある。だが、ナーシング・ホームの大多数は、アメリカの高齢者向け医療保障（メディケア）や貧窮者向け医療保障（メディケイド）の受給者を受け入れるために連邦法の規制を受けている。日本の特養の入居者は約50万人、アメリカのナーシング・ホームの入居者は160万人。これは日本とアメリカの人口比を考えると、人数的にもちょうど互いに対応する施設であることを示す。さらに付け加えると、アメリカ人の40％は人生のある期間、ナーシング・ホームに入居するというデータがあり、さらに毎年アメリカで死亡する人の4分の1はナーシング・ホームで亡くなるという。

ナーシング・ホーム入居契約――キャンディの値段も

一般に「契約社会」と呼ばれるアメリカの契約は、契約書として長いものになる。私が入手した契約書でいうと、たとえば、メリーランド州のナーシング・ホームのモデル入居契約書は付属文書を含めて36頁ある。マサチューセッツ州のものは24頁。後で紹介する熊本弁護士会が関与した熊本市の標準契約書（介護老人福祉施設標準契約書）は重要事項説明書を含めて16頁である。アメリカの契約書については、短い方のマサチューセッツ州の契約書を読んでみた。いくつかその特色を列挙してみよう。契約書を読むなんて面倒だと思われるだろうが、少しだけ我慢して付き合っていただきたい。特に興味深い部分には傍線を付した。

① 本契約書に署名すると、一定の法的義務が生ずるので、署名する前に熟読し、可能であれば弁護士その他に助言を求めた方がよいことがまず明記してある。

② 基本的には、契約当事者はナーシング・ホームと利用者であること。そうはいってもアメリカのナーシング・ホーム入居者（利用者）にはすでに判断能力が衰えている人も多い。そこで法的代理人（legal representative＝後見人や持続的代理権を有する人）や責任負担者（responsible party＝通常は利用者の家族や友人など）にも署名が求められることがある。ただし、彼らは施設利用料の負担者や保証人になるわけではないことを明確にしておくよう注意がなされている。他方で、これらの人が本契約書に署名した場合、それらの人は、利用者のためのケア・プランニング策定に関与する権利を有する。そして、利用者に何らかの事故があった場合や病状が悪化しケアの内容を変更する場合、ナーシング・ホームから通知を受ける権利を有する。

③ 利用者が支払うべき基本料金（日額で定められる）とそれによって提供されるサービス内容が明記される。この場合、メディケア・メディケイドの適用になる場合、それらの公的医療保障制度が支払うサービスの範囲も明記されている。逆に、基本料金に含まれずメディケア

なども対象としないサービスが次のように列挙されている（それらの料金も）。もちろんこれらを購入する義務はない。自分で別のところから買ってくることもできるが、ナーシング・ホームに頼むと、そこに明記された料金がかかるということである。

・電話利用料
・個人用のテレビ・ラジオ利用料
・たばこ
・キャンディ
・化粧品
・個人用の衣料
・個人用の読書のための書籍など
・花や植物
・居室以外の個室
・個人用の看護師や助手の費用
・ナーシング・ホームで提供している社交的イベントや活動の費用
・美容師、床屋の料金
・理学療法、作業療法、言語療法

・その他、検査費用、歯科医療、足の治療医の費用、薬代など

さらに詳細な情報は、ナーシング・ホームの経理係に問い合わせると情報提供される。さすがに契約社会アメリカであって、キャンディ代まで書いてあるのは面白い。

④入居の際の保証金。利用者が、メディケアまたはメディケイドの対象者である場合、保証金は不要となる。しかし、そうでない利用者（入居者）は、日額手数料の1カ月分を超えない金額の保証金（具体的な金額記入欄あり）を提供する必要がある。この保証金は分別管理され、（具体的な名前）銀行の利息付き口座（番号）に預けられる（これは特別な信託口座であり、ナーシング・ホームが倒産しても、利用者に返ってくるはずである）。利用者が死亡または他施設への移転その他の理由でナーシング・ホームから退去した後、30日以内に利用者またはその法定代理人もしくは責任負担者に返金される。

⑤利用者の居住権について。利用者はいつでも退去できる。利用者は、その同意がない限り、ナーシング・ホーム内で別の部屋へ移転を強制されることはない。ただし、利用者の主治医による臨床記録により、医療上または安全上、移転が求められる場合を除く。ナーシング・ホームが利用者に対し正当に退去を求めることのできるケースは、利用者がナーシング・ホームでは対処できない病状になった場合、逆に健康が回復して退去または移転が適切な場合、利用者の存在が他の居住者の安全や健康に危険を生じさせる場合、合理的かつ適切な通知をして

も利用料を支払わない場合、さらに、ナーシング・ホームがその事業を中止した場合に限定されている。

なおこれらの場合にも、移転や退去を求める理由を明記し、同時に、書面による通知の中に、利用者に異議のある場合の不服申立先と、利用者に法的その他の助言をしてくれる機関の名称と電話番号を記すことも義務づけられている。

さらにまた、利用者が入院など医療上の理由、またはそれ以外の理由で、ナーシング・ホームをしばらく離れた場合に、自らのベッドおよび居室をキープしておけるための条件が規定されている。

⑥　利用者の財産をナーシング・ホームに預ける場合について。利用者は自らの金銭等を自分で管理することもできるが、ナーシング・ホームに預けることもできる。ナーシング・ホームは、その金額が50ドルを超える場合、利息付きの口座に金銭を預け、利用者の請求により、少なくとも3カ月に一度、計算書を提示しなければならない。

⑦　利用者の所有物について、ナーシング・ホームの被用者その他ホーム側の人間が過失によって損害を生じさせた場合。その賠償責任を免責・制限することはできない。ナーシング・ホームは、利用者の貴重品については、金庫を提供し、それらを金庫に保管するよう推奨する。

⑧　医療の提供について。まず、利用者には、ナーシング・ホームの提供する医療について、

同意する権利と拒否する権利があることが明記されている。

利用者に、医療上の決定を行う判断能力がない場合、または将来そうなった場合、ナーシング・ホームは、利用者に代わって法的に代行権限を有する人、たとえば医療代理人（health care agent）、持続的代理権を有する代理人、後見人などの指示に従う。看護・介護、医療の内容について、利用者には十分な情報を与えられる権利があり、いつでも質問すればナーシング・ホームはそれに答える義務がある。

さらに、利用者には主治医を誰にするかの選択権があり、自分で選択した場合、その名前と電話番号をナーシング・ホームに知らせる。主治医のいない場合や主治医の情報提供のできない場合には、ナーシング・ホームは、利用者と協議し、利用者の選択による主治医を手配する。同様に、薬局についても、利用者には薬局を選択する権利があることが明記されている。また、医療提供に関し、ナーシング・ホームの免責・制限を定めることはできないことも定められている。

⑨　利用者への面会について。利用者の家族、医師、およびオンブズマン・プログラムの代表については、いつでも利用者と面会できる。その他の人については、合理的な面会時間に、面会できることとする。ここでオンブズマンとは、ナーシング・ホームの運営や利用者へのケアが適切に行われているかを監査する権限が州法上認められている人を指す（なお、オンブズ

マンはスウェーデン語で、福祉介護の分野では、施設がきちんとした行動を取っているかを監査する権限を有する人をいう)。

⑩ 個人情報の取扱いについて。一定の情報共有について利用者があらかじめ同意することが定められている。利用者の医療情報および経済的情報については、ナーシング・ホーム利用料の支払い責任を負う人や組織に対する情報提供が必要であり、利用者が医療その他のサービスを求める機関や医療従事者に対し提供することも必要とされる。

⑪ 終末期医療に関する事前指示書について。利用者は、一定の状況において受けたいと望む医療やサービスについて明記した事前指示書をナーシング・ホームに提示することができる。この事前指示書は、持続的代理権委任状または医療代理人委任状とは別にすることもできるし、それらに含めることもできる。利用者が事前指示書を作成するうえで支援を必要とする場合には、ナーシング・ホームは、法に従った支援を行う。利用者がすでに事前指示書を作成している場合、そのコピーをナーシング・ホームに渡しておくことは、いざという場合に利用者の希望が実現するためにもきわめて重要である。

⑫ 本契約書は、マサチューセッツ州法に則るよう解釈され、実現されること。契約書の一部の効力が無効とされ、または裁判上実現できないものとされた場合にも、他の部分の効力に影響を与えることはないこと。さらに、本契約書および付属文書は、契約当事者間の契約の完

全な合意と了解を示すものとすること（本契約書以前になされた合意や了解は一切効力をもたない）。

このような条項はアメリカではごく普通のものであり、要するにこの契約書で定められていることが利用者とナーシング・ホームとの間の契約のすべて（当事者にとってのルールであり法）であることを示す。

利用者には権利がある——モデル契約書の注目点

アメリカの契約書については、傍線を付した部分が特に注目すべき点である。重複する点もあるが、その特徴を列挙してみる。

まず、この契約の背景には、１９８７年に制定されたナーシング・ホーム改革法（Nursing Home Reform Act）という連邦法がある。これは連邦法であるから、マサチューセッツ州ばかりでなくアメリカ全土に適用される。最大のポイントは、ナーシング・ホーム利用者には一定の権利があると宣言したことである。

⑴医療について自由に選択する権利（治療拒否権、ケアのあり方について情報を提供され、選択する権利を含む）

(2)身体拘束を受けない権利
(3)虐待を受けない権利
(4)プライバシーの権利
(5)秘密を守ってもらえる権利
(6)適切な医療や介護のサービスを受ける権利
(7)不服申立をする権利
(8)居室の移転や退去の際の権利
(9)面会者と会う権利
(10)差別を受けない権利
(11)個人の財産の保護

同時に、この法律では、ナーシング・ホームの監督を強化し、州が少なくとも15カ月に一度（ナーシング・ホームへの通告なしに）立ち入り調査をし、利用者に聴取するなどの監督活動を行い、ナーシング・ホームの質を確保すること、違反が発見された場合には指導や制裁を課すことが定められた。

その結果、ナーシング・ホームを選択する際には、各州に置かれたナーシング・ホーム・オンブズマンの事務所に相談することが推奨される他、これらの調査結果を見て、当該ナーシング・ホームの質がどのようなものかを検討することができるようになっている。

1987年という早い時期に、このような連邦法が定められたことに注目すべきである。高齢化が問題となることが日本より遅かったはずのアメリカで、このような法的対応がずっと前からなされていることに驚いた。

先のモデル契約も、この連邦法を反映している部分がある。もちろん契約に規定がなくとも、ここで示したような利用者の権利は法律上保護される。

次に、契約書そのものに、この契約の重要性が強調されており、利用者が契約書に署名することは一定の法的義務を負うことであるとして、あらかじめ慎重に検討するよう明記されている。できれば弁護士の助言も得た方がよいとも付言して。

契約当事者は利用者とナーシング・ホームである。ただし、契約時点において、利用者が署名できない状況に陥っている場合もありうる。その場合に代わって署名できるのは、利用者の後見人など法的代理人であるとされる。しかし、これらの代理人は保証人ではなく、自らの財産で何らかの責任を負うことはないことも明記している。

さらに、利用者の権利として、医師や薬局を選ぶ権利、居住権、入院その他でナーシング・ホームを離れた際のベッドを確保しておく権利、いつでも一定の面会者と会う権利、個人の財産について保護を受ける権利、個人情報の保護と活用などが明示されている。

最後に、終末期医療の指示書についても言及されている。それは、多くの場合、ナーシング・ホームが利用者にとって「終の住処」であることを示す。この契約の解約条項が明記されていない点にも留意する必要がある。利用者自身が同意しないのに退去を求められる場合としていくつかのケースが定められているが、それらはいずれもやむをえない場合である。

以上を前提に、いよいよわが国の特養入所契約を次項で検討してみよう。

3　日本の特養入所契約では

今度は、わが国の特養入所契約を見てみよう。ここでは熊本市が熊本県弁護士会と協力して作成した標準契約書を取り上げる。そもそも特養とは、「老人福祉法」および「介護保険法」に基づく公的介護保険施設であり、全国に７５００カ所あまり（２０１２年）、定員数でいえば約50万人がそこで暮らしている。設置主体は、地方自治体または社会福祉法人で、施設の構造要件やスタッフの人員配置など細かな規制がなされている。なお、民間の有料老人ホームよりずっと経費が安いこともあって、待機者が52万人いるといわれ、数カ月から数年待ちという状況にある。

入居者は、厚労省の定義によれば「65歳以上の者であって、身体上又は精神上著しい障がいがあるために常時の介護を必要とし、かつ居宅においてこれを受けることが困難な者」であり、前述のように2015年度からは原則として要介護3以上の人に限られることになった（要介護3とは、簡単にいえば一人での生活が困難な程度の人である）。

さて、特養に入れることになった場合の契約書を見てみよう。

日本の契約書――契約当事者は？　事業者中心の規定、形式的

アメリカの契約書を見た後では、たとえ熊本県弁護士会が助けて法律専門家が関与し作成した標準契約書でも、いくつかの問題を指摘することができる。以下、列挙してみよう。

①　熊本市の契約書では、契約当事者は、はっきりと利用者と特養の事業者になっている。この点で、熊本版契約書は、契約当事者が誰かを明確にしている点で問題がない。

ところが、他の介護保険施設の契約書では、利用者が当事者なのか、家族が当事者なのかが曖昧なものがある。さらに「身元引受人は、本契約に基づく契約者の事業者に対する利用料などの経済的な債務につき、契約者と連帯してその履行の責任を負います」と明記して、利用者ばかりでなく、身元引受人（家族等）に経済的責任を負わせる条項を置く場合も多い。

② 熊本市の契約において、多くの条項は、「乙（特養の事業者）は……します」という形式で書かれている。要するに、特養の事業者の義務が数多く並べられている。

これは、いいようで必ずしもそうではない。逆にいえば、それは、甲（利用者）の権利として位置づけられておらず、事業者中心での記述だということである。アメリカの場合、繰り返しになるが、利用者の権利として、医師や薬局を選ぶ権利、居住権、入院その他でナーシング・ホームを離れた際のベッドを確保しておく権利、いつでも一定の面会者と会う権利、個人の財産について保護を受ける権利などが列挙されている他、連邦法上、当然に認められる権利として、身体拘束を受けない権利、虐待を受けない権利、プライバシーの権利、差別を受けない権利などが認められる。日本では、それらの保障が、契約上すべて明白になっているかといえば必ずしもそうではない。

③ 同様に利用者中心で考えるからこそ（さらに医療の提供をするホームであるから）、アメリカの契約書では、終末期医療の事前指示書や、医療を拒否する権利も記述される。だが、日本の特養の場合、いまだに医療と介護の分離を反映して、そのようなことは医療機関に引き継ぐだけで十分とされているのであろう（実際には、利用者が特養で亡くなる例は少なくない）。同様に、利用者中心で考えれば、利用者が契約書に署名できない状況にある場合について、もっと代理人や家族の役割に配慮した規定があってしかるべきであるが、それが十分でな

いように見える。
④　思うに、特養であれ、ナーシング・ホームであれ、事業者と利用者の関係は、利用者が一定のサービス提供を強く必要とする状況で関係が成立するのであるから、当事者が対等ではありえない。だからこそ、利用者にさまざまな権利があるという形で規定を定めるところに、これが契約であるとする意味がある。
しかし、わが国の場合、実際には特養に入所希望する人たちが大量に存在し待機しているという背景があり、しかも特養は公的介護保険施設であるから、入所が平等かつ公正な原則で決められるよう、関係自治体ではいわゆる「入所者判定マニュアル」を策定している。そこに、利用者が、対等な立場で「契約」する土壌と必要性がどれだけあるかが問題である。

したがって、この「標準契約書」は、入所を措置として定め、措置された特養（事業者側）が何をしなければならないかを定める「行政的な規定、指針」とどれだけ違うのかが、最大の疑問となる。「措置から契約へ」ということの意味は、どこにあったのかが必ずしも明確でない。
⑤　たとえば、アメリカでは当然のことだが、それが契約である限り、契約交渉の段階で削除も変更も可能なはずである。そして、この契約で定められていることが（そしてそれだけが）契約当事者双方にとってのルール（すなわち一種の法）となる。だからこそ、入居してか

ら後悔することのないよう事前に十分吟味しておくべきだとされている。

ところが、熊本市の契約書では「第22条　この契約に定めのない事項については、介護保険法等の関係法令に従い、甲乙の協議により定めます」とあるように、この契約に書かれたこと以外にもさまざまな問題があることが当然とされている。

また、わが国の特養入所契約書について、どこかの条項を変更することが実際に可能だろうか。単に、利用者や家族は、形式的にこれら契約書と重要事項説明書が延々と読み上げられるのを聞き、それが終わると署名をするように求められている例が多いのではないか。

⑥　また、特養で預かった利用者の財産について、アメリカでは、分別管理や別口座での管理、さらにそれらの報告が求められている点も重要である。

⑦　最後に、アメリカではオンブズマン・システムがあって、特養の評価や監査が行われる。その結果が、ネット等で公開されて、あらかじめ特養の質の比較も可能である。もっともわが国の特養については、50万人以上待機者がおり、質を比較して選択する余裕など、実際には利用者に与えられていない。繰り返しになるが、そのような当事者が受け入れざるをえないもの、特養の側で用意した文書を契約と呼んで、「同意しました」といわせて署名捺印させることにどれだけの意味があるのかが、最大の問題である。

ただし、熊本市のように弁護士会の協力で、契約内容を適切なものにしようとする動きは大切であり、もっと広げていかねばならない。

4　アメリカのCCRCと日本版CCRC――日本では元気なうちに地方へ

産経新聞2015年4月11日付紙面は「首相、日本版CCRC『全国展開』を　北陸新幹線初乗車し地方創生の先進事例視察」と題する記事を掲載した。それに先立つ2月25日には、地方創生担当大臣の下に置かれた「日本版CCRC構想有識者会議（第1回）」が開かれた。そこでは、東京都在住者のうち、50代男性の半数以上、また、50代女性及び60代の約3割が地方への移住の意向を示しているという調査結果が紹介された。それに基づき、健康時から地方に移住し、安心して老後を過ごすための「日本版CCRC」の導入に向け、課題や論点を整理したうえで、2016年度以降モデル事業を実施しさらに全国展開を目指すという。

最近の政権は「日本版○○」という構想を持ち出すことが多い。これもその一つである。果たしてCCRCとは何か。その日本版とは何を意味するのか。さらにそれと関連して作られるであろうサービス付き高齢者向け住宅（サ高住）とは、どのようなものかについて、ここで瞥《べっ》見《けん》する。そのすべてを検討することはできないが、いくつかの課題を提示することはできるだろう。

同じコミュニティに住み続けるという基本理念――契約社会アメリカでのＣＣＲＣ

前章でもふれたようにＣＣＲＣとは、continuing care retirement community（継続的ケア付き退職者コミュニティ）の略称である。加齢に伴って、人の状態は必ず変化していく。もっとはっきりといえばどうしても衰弱していく。だが、ＣＣＲＣとは、健康な状態から、介護などのケアを必要とする状況、さらにもっと弱った状態に変化し、ホスピス・ケアを必要とする段階になっても、高齢者が同一敷地内または近隣において生活を続けられる施設の複合体である。その過程で、同じ敷地内のナーシング・ホームに居住する場面もある。

先に紹介した有識者会議の資料では、アメリカのＣＣＲＣの現状は次のようにまとめられている。

①　アメリカでは、高齢者が移り住み、健康時から介護・医療が必要となる時期まで継続的なケアや生活支援サービス等を受けながら生涯学習や社会活動等に参加するような共同体（ＣＣＲＣ）が、全国で約２０００カ所存在する（推定居住者数は75万人）。

②　中でも、大学での生涯学習等を通じて、知的刺激や多世代交流を求める高齢者のニーズに対応する大学連携型ＣＣＲＣが近年増加している（約70カ所）。

③　その基本コンセプトは、健康レベルに合わせた自立型住まい・軽介護型住まい・介護施設等の住宅が用意され、健康レベルに応じて同じ地域内（近隣または同じ敷地内）で住み替えることが可能な点にある。それぞれの需要に応じて、食事サービス、娯楽文化サービスや、健康を維持するプログラムが提供される。介護が必要な段階では、着替え、投薬、入浴介助等の生活支援が受けられる。さらに病状が進めば、24時間対応を必要とするケア等を提供する。

④　CCRCは全国でさまざまな態様のものがあり、都市型もあれば郊外型もある。運営主体は非営利団体（82％）ばかりでなく、営利団体（18％）もある。規模もさまざまだが、大半は300室以下である。契約形態は、入居金型、賃借型（入居金なし）が一般的で、所有型はほとんどない。

⑤　事業の安定性・質の確保を図り、入居者やこの事業への投資家等の信頼を得るため、4分の1程度のCCRC（約500カ所）は、第三者機関による格付を受けている。連邦政府の規制はないが、ほとんどの州で州政府による規制がある。

今度は、アメリカの高齢者法の教材（ケース・ブック）での記述を見てみよう。

(イ)CCRCなるものは100年以上の歴史を有する。ただし、最近、その数が顕著に増加している（アメリカにおいても高齢化が進んでいるからである）。

(ロ)CCRCが高齢者にとって魅力的なのは、必要とするケアの程度が変化しても、同一敷地、あるいは少なくとも同一コミュニティで住み続けることができる点である。
(ハ)ただし、2010年の政府調査によれば、契約タイプで違いはあるものの、入居一時金の平均は、総じて高額である。
(i)入居一時金は高い代わりに、毎月支払うべき料金の増加が少ないタイプでは、平均14万3000ドル。
(ii)入居一時金はやや低くなるが、毎月支払うべき料金が利用者のニーズの変化に伴って増加するタイプでは、平均9万1200ドル。
(iii)他の2つのタイプに比べ、入居一時金も毎月の料金も比較的低額だが、サービスに医療的ケアが含まれないタイプでは、それらが必要になったら、利用者は別個に手配をしなければならない。この場合の、平均入居金は9万7749ドル。
(ニ)したがって、現状のCCRCは、比較的富裕な層のためのサービスとなっている。そこで、利用者によっては入居の資金を捻出するため、これまで住んでいた家を売却してCCRCに入居する。この場合、CCRCが自分に合わないという状況に陥っても、戻る場所はないことになる。
(ホ)CCRCに対する連邦政府の規制は、ナーシング・ホームへの規制を除いて存在しない。多くの州では、州政府による規制はあるものの、一般にアメリカは規制国家ではないので、その規制だけで十分ということはない。必然的にCCRCの契約が重要になり、その信頼性や契約内容についてあらかじめ十分調査して入居することが必要になる。それには弁護士等の専門家の助言が必須である。

日本版CCRCで注意する点――アメリカの場合、日本の場合

何しろ日本版CCRCなるものはこれから実験的にいくつかの地域で行われるらしいので、それを現時点で評価することはできない。ただし、アメリカのCCRCについては、いくつかの留意点がある。

① 何より重要なのは、アメリカのCCRCが終の住処の提供だという点である。たしかに、いったんはそれまで住み慣れた家を離れて、そこへ移り住むことになる（若い頃から住み慣れたところで住み続けることにはならない）。しかし、たとえばわが国の会社員は定年になると、会社という組織から離れざるをえなくなり、新たな場で生きることを余儀なくされる。その際に、今度は別のコミュニティで、しかも新たな人間関係を作って、ずっと住み続けようとするなら、CCRCはまさに（亡くなるまで）継続的なものであるから、ありがたい仕組みである。自分の心身の衰えによって、急性病棟から療養病棟、さらに介護施設など転々と移る仕組みよ

りも、その点で大きな魅力がある。

② しかしながら、日本の介護保険制度のように、ずっと安全な公的保障の仕組みはアメリカにはないので、資産が尽きて毎月の料金支払いにも困るようになると、CCRCを出て行かざるをえない。そのためもあって、アメリカでは比較的富裕な層に人気があるのだろう。日本版CCRCとは、どのような人を対象にするものか、いかなる目的の仕組みなのかについては、現在わかる限りのイメージを後に紹介する。日本版CCRCといいながら、それは名前だけで、アメリカのCCRCとは大きな違いのある仕組みになるかもしれない。もちろん同じものにする必要はないのだが。

③ アメリカのCCRCの8割以上は非営利団体が経営しているという。それは、アメリカのCCRCが100年以上の歴史があり、元々は教会関係による設置が多かったことが影響しているのかもしれない。ただし、現状において、経営が非営利団体か営利団体によるかで、料金やサービスに大きな違いはないとされている点に注意する必要がある。逆にいえば、非営利団体の経営だから安心ということはない（たとえば、http://www.levinassociates.com/1112slbhead 参照）。いずれにせよ、アメリカでは、原則として政府からの補助金を頼りにすることはないから、長期間経営を続けるためのコストの負担は利用者にかかってくるのである。

高齢者ホームでの紛争——日本にもアメリカにも

国民生活センターによると、日本では有料老人ホームに関する相談は年間600件ほどあり、一時金をめぐるトラブルや相談も少なくないという（たとえば朝日新聞2015年2月16日「（報われぬ国　負担増の先に）有料老人ホーム　不明瞭な『料金』徴収」）。

この記事では、3つのリスク（3種類のトラブル）が紹介されている。

① まず、入居段階のトラブル。1000万円の入居一時金を支払って入った有料老人ホーム。しかも3カ月以内に退去すれば返金されるというクーリング・オフ条項があったのに、2カ月半後に、このホームは気に入らないと思って退所しようとしたら、解約は1カ月前の通知が必要という別の条項があり、返金できないといわれた。この例では、退所は3カ月半後になる（クーリング・オフの期間を超える）という理屈である。結局、わずか2カ月半いただけなのに、入居金の一部260万円は返ってこなかったというトラブル。

② 次に、有料老人ホームが倒産した場合、どうしようもないという現実。高齢者は行き場を失うばかりではなく、高額の入居一時金も返ってこないリスクがある（これなどは、これら老人ホームの財務状況を公開させ、一定の格付評価機関を介在させることである程度対処できるはずである）。

③　最後に、上乗せ介護費用（つまり毎月かかる費用）が予想外にかかるリスク。しかも中には、悪質なホームがここで稼ぐ例もあるという。

これらのリスク、あるいはトラブルは、いずれも明らかな法律問題である。最初の契約時において、「街の弁護士さん」が入って確認しておけば、防げるような種類のトラブルではないか。

アメリカでは一般に好評といわれるCCRCにも似たようなトラブルは起きている。一つだけ紹介しよう。

2004年のニュー・ジャージー州の判決である。以下、年表風に整理する。

・1999年6月10日、原告はニュー・ジャージー州のCCRCに入居する契約を結んだ。このCCRCは、独立居住、ケア・サービス付き居住、本格的医療ケア居住という3種類の施設を併設している。入居金は14万9000ドル。毎月、それに加えて1290ドルの料金がかかる。この契約には、原告ばかりでなく、原告の息子（持続的代理権をも有している人）が保証人として署名した。

・2001年5月、原告は独立居住から、ケア・サービス付き居住に移ることに同意した。ケア・サービス付き居住のための入居金は15万ドルだったが、それは当初支払い済みの14万9000ドルで十分といわれた。

この老人ホームはネ
お義母さん.

なんと週に1回
合コンがあるんですって!!

・だが、この段階でのケア・サービスの内容に息子は不満を感じた。同時に、この段階から入居する人のための入居一時金を9万9000ドルにするという広告を見て、少なくとも支払った14万9000ドルからこの9万9000ドルを差し引いた5万ドルを返金するよう求めた（おそらく、CCRCは経営上の理由で、いわば特別バーゲン・セールとして、この段階からの入居者を集める必要に迫られたのだろう）。

・これに対しCCRC側は、契約書に「居住の変化によって入居金は返還されない」と明記してあると反論し、息子の要求に応じなかった。だが、息子は納得せず、毎月の料金支払いを拒んだ。

・2001年10月9日、息子とその弁護士、それにCCRC側との間で話し合いがされ、10月24日付で次のような合意がなされた。原告（高齢者）は元の独立居住に戻ることで収めるという合意である。利用者の住居は、2001年6月12日以降、空き家状況にされていた。他方で、CCRC側は20人もそこへ入りたいといって待機している人がいるとも述べた。

・ところが、争いはこれでは終わらず、2002年2月14日、CCRCは原告に6日以内の退去を求めた。理由は、紛争の間の毎月の料金支払いを行っておらず、最後の支払いは2001年6月14日（5355ドル）、その後の不払い金は4万7255ドルにもなっているからだという。契約条項には、正当理由がある限り、60日前の通知で退去を求めることができると明記されており、CCRCは、本件料金不払いは「正当理由」に当たると主張した。2002年6月14日に契約は解除されるので、「息子が原告を引き取りに来ない場合には、CCRC側で同日の6時から11時までの間に、原告を車で送り届ける。そのための費用はさらに追加請求する」との最後通告もなされた。

・これに対し、息子はニュー・ジャージー州の規制当局に訴えた。だが、規制当局は、書面審査だけで、「不払い金がある以上、それに対しCCRC側には退去を求める正当理由がある」として、息子の訴えを認めなかった。そこで息子は裁判所に訴えた。

・2004年7月21日、ニュー・ジャージー州裁判所は、CCRCに対する州の規制の最も重要な目的は「州の高齢者の保護」にあるとして、州の規制当局に、きちんとした審理を行い、簡単に利用者を追い出せないよう「正当理由」を解釈すべきだとして、規制当局の判断を破棄し差し戻した。

アメリカでは、通常、契約関係は自己責任の関係とされ、契約条項で定めてある限り、その限定解釈を求めても、裁判所は助けてくれないのだが、高齢者の結ぶ契約ではこのような裁判例もあるということである。ただし、アメリカの弁護士は、このような事態を予測して、契約前に紛争を予防する方策をとるのが重要な役割だとされている。この事件は、アメリカのケース・ブックに掲げられている事件であり、ロー・スクールでは、仮に弁護士が入居契約段階で関与していたら、どのような助言ができただろうか、あるいはどのような形で契約書を修正し、高齢者のためにリスクを防ぐことができただろうか、という検討が行われるに違いない。この事件は、まさに生きた教材だからである。

日本版CCRC構想──日本的状況の反映

先に述べたように、地方創生担当大臣の下に「日本版CCRC構想有識者会議」が2015年2月に設置され、夏までに7回の会合を重ねて、日本版CCRC構想素案を発表した。それを一読すると、日本版CCRCはアメリカのものとは一部重なるところがあるものの、相当に異なる目的を推進しようとしていることがわかる。以下、私なりの感想を述べてみよう。

① 日本版CCRCの意義は、(i)高齢者の希望の実現、(ii)地方へのひとの流れの推進、(iii)東京圏の高齢化問題への対応、の3つの点だという。これだけではわかりにくいので、私なりに解釈すると次のようになる。

② わが国における東京への一極集中は、超高齢社会になっても変わらない。このまま何もしないでいると、東京圏での高齢化が進み、医療や介護の手が足りなくなる。需要が発生し、地方からまた人材を吸収する要因となる。さらに東京への一極集中が強まりかねない。そこで、

3番目の「東京圏の高齢化問題への対応」を目的として、地方にCCRCを作り、元気なうちに東京圏在住者の地方移住を促進する。2番目に掲げられた「地方へのひとの流れの推進」も同じ趣旨であり、CCRCを地方移住の起爆剤にしようというのである。

③素案では、このような政策の推進は、最初に掲げた「高齢者の希望の実現」のためだとする。内閣官房が2014年に行った「東京在住者の今後の移住に関する意向調査」によれば、東京都在住者のうち地方へ移住する予定又は移住を検討したいと考えている人は、50代では男性50・8%、女性34・2%、60代では男性36・7%、女性28・3%にのぼっているからだ。それなら、そういう高齢者（または高齢者予備軍）の人たちの希望を実現するべく、政府が後押しをしようというのである。

④素案の段階ではあるが、アメリカのCCRCとの違いも明らかである。

まず、アメリカのCCRCは何らかの政策によって増加しているわけではない。自生的にこのような高齢者コミュニティが各地にできている。これに対し、日本版は、東京から地方へという人の流れを作る必要性に迫られて、そのための手段として構想されている。

次に、日本版では、移住といっても個別に人々が移り住むのではなく、やはりCCRCのような施設を作るのだが、それは従来の高齢者施設とは違うと強調されている。従来型は、要介護状態になってから移住、高齢者はサービスの受け手、そして住宅（施設）内で完結し地域との交流が少ないのに対し、日本版ＣＣＲＣでは、健康時から移住、高齢者はアクティブに仕事・社会活動・生涯学習などを行う存在であり、地域とも連携して多世代と共働し、地域活性化の役割も担うというのである。アメリカ版ではＣＣＲＣ自体が一つのコミュニティとして想定されており、ＣＣＲＣ外部の地域との交流は住民の自由に任される。

さらに、先の意向調査によれば、50代60代で地方移住に不安をもつ要因として、働き口、医療・福祉、日常生活の利便性、住居環境が掲げられている。住居は日本版ＣＣＲＣに移り住むとしても、他の要因を解消することができるかが鍵となる。特に、医療・福祉では「継続的なケアの確保」が謳われているので、その点はアメリカのＣＣＲＣと同様である。大きな違いは、アメリカではＣＣＲＣのＲはretirement（退職者）であるから、仕事はしないことが前提となっていること、継続的なケアもＣＣＲＣの中で完結的に提供されるというところである。

最後に、日本版では地方の住みやすさとして、暮らしにかかる費用が東京圏と比べてはるかに安いことが強調されている。誰にとっても重要な点ではあるが、アメリカのＣＣＲＣが相当の費用をまかなえる高齢者が対象となっていること（つまり成功者の象徴とまではいえないかもしれないが、一定のブランド力をもっている）を思うと、日本版ＣＣＲＣにも、別の大きな魅力を付与しないと、構想の実現は難しいかもしれない。

5　サ高住と空き家信託

高齢者がどこに住まうか、どこを終の住処にするかは、個々人にとって重大な問題でありながら、簡単に正解の見つからない課題でもある。本書では、少なくともそのような岐路に立って迷っている高齢者に助言を与えるサービス（それもリーガル・サービスである）を提供する仕組みが必要だという点を強調した。

たとえば、アメリカほどの規模ではなくても、高齢者だけの住まいとして庭付き一戸建ての管理は手に余るということがある。あるいは、身体が衰えて何らかのサービス付きの住宅に移る必要性を感じる場面がある。だが、一人ひとり、そのような場面に遭遇してから困っている。同じような経験をしている高齢者はたくさんいるのに。

それなら、その種の情報と対処の経験をもつ人に助言してくれる人がいれば本当に助けとなるだろう。何かその需要に応える仕組みができてしかるべきではないか。

本章の最後に、近年、政府も力を入れているサービス付き高齢者向け住宅（サ高住）と、高齢者への貸し渋り問題を取り上げる。

サ高住の契約——素人には理解が難しい

国土交通省と厚労省が連携して推進している「サービス付き高齢者向け住宅」とは、2011年の「高齢者住まい法」改正により創設された、介護・医療と連携し、高齢者の安心を支えるサービスを提供するバリアフリー構造の住宅である。この制度は、高齢者が「安心して生活できる住まいづくりを推進する」ために作られた。2011年の制度発足以来急増しており、2015年6月末時点で約18万戸に迫る勢いである。さらに、政府は2020年までに60万戸にするという。2015年4月15日のCB news（医療介護情報サービス、キャリアブレインのニュース）では「サ高住整備に一戸100万円、都が補助—地域密着サービスなどと連携で」と伝えており、国ばかりでなく地方自治体もさらに補助金を出して推進している。

サ高住を作る事業者は、都道府県知事等に登録し、定められた条件を満たす住宅系施設であることを確認してもらい、補助金や税制上の優遇をえる代わりに、都道府県知事等の指導・監督を受けることになっている。登録された情報は、インターネット上で公開されているという（https://www.satsuki-jutaku.jp）。

ただし、ここで提供されるサービスは、居住スペースの他には、状況把握サービス（安否確認）と生活相談サービスという2種類のサービスが基本であり、介護サービスの提供は含まれない。それが必要な場合は、別個の契約を必要とする。

このような性格のものでは、実際には「安心して生活できる」のではなく、人によってはただちに不安を生む可能性がある。アメリカのCCRCが想定しているように、加齢に伴い心身の状況が変化するにつれて、わが国の高齢者にも介護や医療のケアが必要になるはずだ。ところが、サ高住では、それらは別個の話としているからである。もちろん、それぞれのサ高住では、実際には介護事業者等との連携を図っているだろう。しかし、「高齢者住まい法」を見ても、その姿が見えてこないのはなぜか不思議な気がする。

さらに、サ高住について概説した書物によれば（『Q&Aサービス付き高齢者向け住宅のすべて』）、居住者の権利は、利用権であったり、賃借権であったり、さらに、賃貸借の場合には、普通賃貸借、定期賃貸借、さらには終身賃貸借とさまざまに分かれるという。この段階で素人の高齢者にはついていけない。「利用権と賃借権の違いとは」、という入り口段階で意味がわからないからである。簡単にいえば、利用者にとっては、利用権の方が保護に手薄い。賃借権ではなく、利用権しかない場合、事業者の都合で部屋を移らされたりするリスクや、そもそも事業者が住宅を売却した場合、出て行けといわれるリスクすらあるからである。賃借権はその点で権利性が強い。しかも、高齢者にとって終の住処となってほしいというなら、定期借家では十分でなく、終身借家権である方が望ましいように見える。それならそれに一本化すべきだろう。しかし、高齢者の事情もさまざまということか、現状は、賃借権にもさまざまな種類があり、そうはなっていない。

さらに終身借家契約ではサ高住には入れないケースもある。要約すると次のような事例が紹介されている（『Q&Aサービス付き高齢者向け住宅のすべて』28頁）。

「60歳のAさんは、サ高住に終身借家契約によって入居したいと希望している。Bという子どもと一緒に。Bは40歳だが、介護保険法上の要介護認定を受けている。Aさんが世話をしなければならないのである。AさんとBは、入居できるか？」

答えは、「入居できない」である。高齢者住まい法上の高齢者（入居者）には、60歳以上の高齢者ばかりでなく、60歳未満でも要介護認定を受けている親族の同居者は入居できるが、終身借家契約上の高齢者は、60歳以上の高齢者または、同居する者が「配偶者若しくは60歳以上の親族」とされているからである。要するに、年の差婚で、30歳の妻なら一緒に入居できるが、40歳の要介護の子は入居できない。

家庭によっては、60歳のAさんの子ども夫婦に複雑な問題があり、Aさんが孫を引き取る場合もあるだろう。これも入居できない。

もちろん、新しい制度に完璧を求めるのは無理だろう。しかし、余りに融通の利かない制度を作るのは、家族関係が多様化する現代において、杓子定規にすぎる感がする。そもそも終身借家契約のタイプは1割以下という報告もある（三井住友信託銀行調査月報「急増するサ高住の実態と課題」8頁）。それでは、終の住処としてのサ高住にはならない。

これに限らず、サ高住についても、契約内容の理解と吟味について、素人である大多数の高齢者は「街の弁護士さん」の親切なサービスを必要としている。

先に、サ高住について登録された情報がわが国でもネット上で検索できると述べた。確かに、どの地域にどのようなサ高住があるかはわかる。しかし、その財務状況の健全性や入居者の満足度など質の評価は入手できない。それぞれのサ高住の契約書すら、ネットですぐに出てくるわけでもないのである。

サ高住を推進し、増やすというのであれば、このような制度的課題の充実を図るのも一緒に行わなければならないはずであり、そこでも法律家の知恵が有効なはずである。

高齢者への貸し渋りと空き家信託

この章の冒頭で述べたように、既存の賃貸住宅について、借り手が高齢者の場合、貸し渋り現象が目立つという。家主にとって、場合によっては、空き家にしておく方がまだリスクが少ない。いったん高齢者に貸した場合、その後、高齢者の心身が衰えるとさまざまな問題を起こすことを恐れてのことである。

2015年2月の朝日新聞は、「高齢者への住宅貸し渋りに一手　文京区」と題して、東京の文京区の試みを紹介している。

それによれば、65歳以上の高齢者を受け入れる賃貸住宅の家主に対し、区が月最大2万円を助成する。それに加えて、生活援助員を派遣して入居者を支えるとともに、結果的には家主も安心できる状況を作るという。

そもそも人口減少の進む日本では、地方と都会とを問わず「空き家」の増加が問題となっている。防犯上も景観上も経済的な価値からしても、空き家にいいところはないからである。

総務省統計局の調査によれば、2013年時点で全国の空き家の数は820万戸。これは、5年前に比べ63万戸（8・3%）の増加であり、空き家率（総住宅数に占める割合）は、13・5%となって、過去最高の数字を示した。全国平均で8軒に1戸は空き家ということである。過疎が進んでいる地域ではもっと厳しい数字になる。

他方で、高齢者の中には、住むところが借りられなくて困っている人がいる。これは誰が考えてもおかしい事態である。だからこそ、文京区ばかりでなく、各地で空き家対策と高齢者への賃貸奨励策が工夫されている。そもそもサ高住も高齢者が安心して借りられる住宅供給策だったのである。

私も、試みに「空き家信託」なるものを考えてみた。

これは、次の章で説明する信託、それも公益信託を組み入れた構想だ。信託というのは、受託者と呼ばれる信頼できる人（または法人）に自分の財産を託し、財産を活用してもらう仕組みである。しかも、信託の場合、受託者に当該財産の所有権を移してしまうという特色がある。所有権がなくなるからといって心配することはない。信託をする委託者自身またはその家族に受益権を与えておき、最終的には、自分の子孫の誰かに戻ることにすることができる。つまり、いったん所有権を手放すが、当該財産の効果的な運用から上がる収益に対する権利を保持し、さらに最終的に所有権も戻ってくるという、なかなか工夫された仕組みなのである。信託は、イギリスをはじめとする英米法の諸国で広く用いられている。

私が考える「空き家信託」とは次のようなものである。

① 所有者は、空き家になっている家や、利用されていない土地を、一定期間（たとえば10年間または20年間）、市や区に信託する。つまり、所有権を移す。これは公益のためであり、一種の公益信託となる。

② 信託を受けた市や区は、当該不動産を、いかようにでも使うことができることとする。古家は解体しても可とする。もちろん、手入れをして高齢者への貸し出しもできる。少子高齢

社会に対応するために、保育園として利用することもできる。それは自治体がさまざまに工夫する。すべて区の職員で対応することができないなら、適切なＮＰＯ（非営利の市民団体）に委ねることもできる。

③　所有者にとってのメリットは２つ。一つは、所有権を移しているから、その期間、固定資産税の心配はない。同時に、それが可能なら、その家屋と土地についてだけは相続税を免除したらどうだろう。空き家を所有して困っている家主にはありがたい制度のはずである。

④　定められた期間が経過したら、その土地は委託者（元の所有者）またはその指定する人（子孫が多いだろう）に返還する。

空き家信託は日本では不可能——アメリカならできるのに

これが私の空き家信託の基本構想である。ただし、これを実現するためには、わが国では２つの壁がある。一つは信託法。現在、信託法のうち公益信託の部分の改正準備がなされているが、私の空き家信託のように、一定期間は公益に、それが終わったら私益に戻すという形の、公私ミックスの信託は認められていない。おそらく、それが認められるアメリカでなら何の抵抗もなく実現できるのだが。

もう一つの壁は、税に関する特別扱いである。おそらく、市や区の所有になっている間は、固定資産税はかからないだろう。だが、公益のために提供したという理由で相続税の減免を認めるには法改正が必要であり、しかもそう簡単ではないだろう。しかし、この点でも、すでにアメリカなら税の減免も可能なはずである（公益信託には税の減免が認められているから）。どうしてアメリカでできるものが、日本ではできないのか。これが私の素朴な疑問である。

ともかく、この章では、高齢者の住まいの問題を取り上げた。特養を代表とする施設からサ高住まで、さまざまな選択肢がある。そもそも「自宅で住み続けられないか」という課題もある。家族との関係も、互いに負担にならず、互いの利益にもなるような関係性を保つ工夫として、「近居」の勧めもある（大月敏雄＋住総研編著『近居』）。

問題は、これらさまざまな選択肢を前にして、大多数の高齢者がただ迷うだろうということである。高齢者もさまざまであるから、実際の病状や経済状況によって、選択肢は限られるかもしれない。それでも選択肢が残る場合、それぞれのメリット、デメリットについて助言してくれる専門家が、すぐ側にいてくれたら、と願うのは私だけではあるまい。

第6章　高齢者の経済的基盤・財産の承継

1　恒産なくして恒心なし――高齢者の経済的基盤

定年を迎えて、毎月の賃金によって生活していた人が退職した後は、どうやって経済的な支えを得るかが課題となる。半世紀前なら、定年後ほどなくして多くの高齢者は死亡し、退職後の比較的短い期間、子に扶養され、理想的には孫の面倒でも見ているうちに亡くなったのだろう。

だが、平均寿命は飛躍的に伸び、55歳の定年も昔話となった。現在の「高年齢者雇用安定法」によれば、定年を定める場合には60歳を下回ることができない（第8条）。さらに、年金支給年齢との関係で65歳定年が視野に入れられ、65歳未満の定年を定めている事業主に対しては、一定の高年齢者雇用確保措置を導入する義務（第9条）が課されている。

仮に60歳で退職したとしても、今では男性では20年近く、女性では30年近くの人生が残っている。もちろん平均しての話だから、もっと長い余命のある人も少なくない。その期間、寝たきりではなく、元気に健康で過ごす時間を長くする努力が大事だとして、「健康寿命」を延ばすことが政策目標となっている。

しかし、いずれにせよ経済的基盤があってこそ、健康でいられるということもある。「恒産なくして恒心なし」という孟子の言は、高齢者にも当てはまる。

高齢者の経済的支え――年金――自助努力・自己責任のアメリカ

前にもふれたフロリック教授によるアメリカ高齢者法の概説書では、アメリカの高齢者の経済面は3本の矢で支えられているという。3つの矢とは、社会保障税による社会保障年金、企業年金、そして自らの蓄えや資産収入である。このうち、収入の一定割合を使用者および被用者から10年以上社会保障税として収めていることから生ずる社会保障年金（social security benefitsと呼ばれる）は、わが国でいえば公的年金制度である。

これに対し、企業年金は任意の制度であり、企業が従業員福祉制度として年金制度を備えた場合、連邦政府は、使用者には年金としての控除額を経費と認めて税制上優遇し、被用者には退職後の年金であるから直ちに課税することなく、課税繰り延べという形で支援して、退職後の生活に備えるインセンティブとしている。だが、問題は、実際にこのような企業年金制度を備える企業が約半数にとどまってきたという現実である。言い換えれば、2本目の矢は、相当数のアメリカ国民には存在しない。

第1の矢である社会保障給付も、そもそも3本の矢の一つに過ぎない。つまり、これだけでは「健康で文化的な最低限度の生活」(日本国憲法第25条)を保障するという考えは、アメリカには存在しない。

以上の結果、3本目の矢である、自助努力が高齢者の経済面を支える大きな要素となる。要するに、退職後も安定した収入を得るためには、株式配当や、社債・投資信託からの利息、預貯金、不動産からの収入など、自分で一定の収入が入る仕組みを作っておかねばならない。自助努力・自己責任が、アメリカの高齢者には基本となる。だからこそ、アメリカでは、わが国に比べて投資教育が盛んになる。

日本でいう公的年金だけで暮らしていくことははじめから期待していない。企業年金についても、自分で投資先を選択できる確定拠出型の年金(defined contribution plan)が広く利用されている。それをまねた「日本版401K」なるものは、年金加入者が6700万人あまり(2013年度)であるのに、確定拠出型年金の利用者は1割以下の500万人あまり(2015

年1月速報値）にとどまっている。

年金だけで生活できるか——年金頼みの日本——その不安

わが国には「年金生活者」なる言葉がある。それは、結局のところ、日本では「年金だけで生活できるはず」あるいは「生活できるべきだ」という観念があるということである。実際、高齢者世帯の収入の7割は公的年金であり、また年金をもらっている高齢者世帯の6割以上が年金収入だけで生活しているという（『東大がつくった確かな未来視点を持つための高齢社会の教科書』249頁）。それが高齢社会を迎えて揺らいでいる現実が、大きな問題となっている。構造的な課題が明白になっているからである。

ある本を読んでいて、私が驚いたことがある。その本（『図解　年金のしくみ』）では、アメリカの高齢者の生活を支える3本の矢が紹介されており、それとの対比で、日本の高齢者のための3本の矢が記述されている。一つは公的年金、2つめは企業年金、そして3つめは個人年金だというのである。まさに「年金生活者」である。

日本の年金制度は3層（3階建て）になっている。

1階部分は国民年金（基礎年金）、2階部分は厚生年金や共済年金。ここまでは公的年金と呼ばれる。後者のうち特に厚生年金の実質は企業年金だが、「厚生年金保険の適用を受ける会社に勤務する全ての人」に加入が義務づけられていて、政府が運営しているので「公的年金」とされる。そして3階部分に、私的年金（企業年金を含む）がある。大企業なら単独で、従業員福祉制度として上乗せの年金制度（厚生年金基金や確定給付企業年金、確定拠出年金など）を作っている。中小企業は共同で厚生年金基金を設立するなどの方法で、同様に年金の上乗せを図っている。個人で加入する個人年金もこの3階部分である。いずれにせよこれら3階部分は任意なので「私的年金」だというわけである。

2階部分の公的年金に厚生年金があり、3階部分の私的年金に厚生年金基金がある。言葉は似ていても非なるものだというわけだが、このような名称自体が素人にはわかりにくいうえに、制度の内容と実態はもっとわからないものとなっている。

ともかく、この1～2階部分の公的年金を支える基本原則は、世代間扶養だという。ちょうど半世紀前の日本で退職した高齢者は子の扶養に頼っていたことを、いわば社会全体に拡大して、全体として現役世代が退職者世代を「扶養」する。現在の現役世代は、将来、退職者世代になるから、その時点での現役世代に頼る。そういう繰り返し構造で、プラス・マイナスがなくなるはずだ。時間軸を基本にした社会的連帯をシステムとして構造化した。

しかしながら、この想定は、現役世代と退職者世代のバランスがとれるからこそ安定的に成立する。第2章で述べたように、いわゆる団塊世代の1949年生まれは270万人、2014年生まれは100万人だから、話を単純化すると、現役100万人で270万人を支える時代が来る。さらに人口減少が予想されているわけであるから、2014年生まれの人を支える、たとえば2080年生まれの人が100万人を大きく割り込むようだと、世代間扶養という基本的な想定自体が成り立たない。日本全体の生産年齢人口が縮小し、高齢者の層が厚くなるという予想の下で、果たして世代間扶養が大丈夫かと問われれば、一定のリスクは必ずある。

そうだとすると、年金制度でいえば3階部分に頼りたくなる。ところがその大きな部分を占めていた厚生年金基金が危機に陥り、存続できなくなっている。厚生年金基金では、年金の運用の仕方が大きく影響し、運用成績が悪いと企業から塡補しなければならない仕組みになっている。これは、結局のところ、各企業の体力や成長力に影響されざるをえない。このような厚生年金基金に対する企業の責任は、従来はいわば〝簿外〟であったが、2000年代初頭の企業会計基準の変更によって財務諸表に影響することになった。すると、その影響を受ける大企業では厚生年金基金を終了(代行返上)する動きが活発になり、結果として厚生年金基金の中心は体力が弱い中小企業の共同設立型になった。そして2012年のAIJ事件が危機の象徴となった。厚生年金基金の制度的欠陥があらわになり、厚労省は、厚生年金基金制度そのものを廃止・縮小する方向性を明らかにした。では、AIJ事件とは何だったのか。

ＡＩＪ事件——実際に消えた年金と年金制度

ＡＩＪ事件とは、ＡＩＪ投資顧問株式会社が全国の厚生年金基金から預かった資産のほとんどを失い、それが２０１２年初めに発覚した事件である。単に運用に失敗したというのではなく、そもそもＡＩＪは運用実績をごまかして運用を受託してきたとされる。他方で、みなし公務員である厚生年金基金の理事の中にもＡＩＪ側から賄賂を収受したとして逮捕された人もいる。そもそも理事の多数は、投資についてほとんど知識がなく、投資の委託先を有効に監督する能力もなかった。

ＡＩＪの社長らは、詐欺と金融商品取引法違反（契約の偽計）の罪に問われ、一審・東京地裁で懲役15年の判決が下され、２０１５年３月、東京高裁もそれを支持する判決を下した。判決によると、被告らは２００９年2月〜12年1月、17の年金基金に虚偽の運用実績を示し、計約２４８億円をだまし取った。立件されていない事件で失われた年金額はその何倍にもなるといわれる。

２００７年、公的年金について「消えた年金（記録）」問題が喧伝され、その後の政権交代にまでつながったことが記憶に新しい中で、それから5年、今度は企業年金について記録どころか多額の年金資産そのものが消える事態を招いた。そして、厚生労働省は、２０１４年４月以降、多くの厚生年金基金を廃止することにした。一時は１９００を数えた厚生年金基金は、朝日新聞２０１５年３月２日の「（報われぬ国　負担増の先に）厚生年金基金の解散　払い続けた年金、消えた」と題する記事によれば、２０１３年末で４８３に減り、さらにそのうち２９０基金が解散を予定しているという。文字通り「消える年金制度」というわけである。もっとも、ＡＩＪ事件がなかったら厚生年金基金制度が存続し続けたのかといえばそれは疑問だという。いわば末期症状に陥っていた制度につけ込まれたという構図が見える。

刑事司法の関係で見れば、詐欺罪や贈収賄罪の立件、起訴、有罪と進めばそれで事は終わるが、実際には、退職後の年金を奪われた労働者には何の救いにもならない。

本当に悪かったのは、前記の投資顧問業者や一部の厚生年金基金理事だけだったのだろうか。そもそもの制度設計に問題があり、それがこのような不祥事の原因となったのではないか。それは個々の当事者の人間性の弱さだけにとどまらない問題を含んでいるのではないか。

代行メリットがデメリットに――厚生年金基金という制度

そもそも厚生年金基金とは何か。およそ年金制度ほどわかりにくいものはない。厚生年金基金は、いわゆる3階建て構造の退職年金制度において2階部分（厚生年金）の一部をになう。企業の従業員の場合、一番下に基礎年金、2段階目に厚生年金制度が置かれ、これらはいわば公的に定められた最低額の年金を保障するものであるから、企業としてさらにそれら以上に年金制度を充実させる場合、3階部分を作ることが国策として奨励された。その際、大企業は自らの従業員を対象にするだけで十分に運用可能な制度を作ることができたが、中小企業の場合、それが難しいので、同業者が集まって一つの厚生年金基金を作ること（総合型）が認められた。しかも2階部分（公的年金）の一部を代行する仕組みがとられた。

このような仕組みのメリットとして喧伝された主要な点は以下のようなものである。

まず、従業員にとっては、年金が上乗せされるうえに、上乗せ分については公的年金よりも支給資格が早く認められる。事業主にとっては、掛け金が全額損金算入されて課税上優遇措置がなされるばかりでなく、ある業界で基金を作ることにより業界全体のイメージ・アップがなされ、しかも基金運用についてスケール・メリットが享受できる。さらに代行部分について予定されている利益を超えて運用益が上がれば、それはそのまま企業にとっての利益となる。

だが、まさに最後の部分で、かつてのような高い運用益が見込めなくなった時点で、代行メリットはデメリットに転化した。そして、代行部分についての掛け金負担に配慮した利益の獲得に追われ、少なからぬ数の基金がＡＩＪの詐欺的勧誘に乗せられて大きな損失を被るに至った。

ＡＩＪ事件がアメリカで起きたなら――アメリカの年金制度との比較

実は、アメリカでも、年金基金が詐欺的投資の被害にあったり、運用に失敗する例は少なくない。アメリカの年金制度ももちろん完全というわけではない。だが、わが国に比べて次の2つの点は大いに異なる。

第1に、アメリカの企業年金制度は連邦法であるエリサ法の下で一元化され、そこでは信認義務を負う者（fiduciary）が広範に定められて、彼らはすべて信認義務を負うとされている。

信認義務というのは一般には聞き慣れない言葉だろうが、日本の年金関係者の間でも「受託者責任」という言葉でよく知られている。典型例は、弁護士と依頼人の関係において、弁護士に課される義務をいう。弁護士と素人の依頼人との間では、前者が専門家であり（だからこそ一定の任務を委ねるのである）、情報力でも判断力でも優れている。そのような立場にある者は、往々にしてその立場を自分の利益のために利用したくなる。何しろ相手は素人であり、容易にごまかせるからである。そこで、アメリカ法は、信認義務という特別に重い責任を、信認義務を負う者（フィデュシャリーと呼ばれる者）に課している。信認義務を負う者は、いわば封建時代の家来のように、忠実な部下として、自分の利益ではなく、相手の利益を優先しなければならない。年金の関係であれば、専門家としてその力を十分に発揮する責任も求められる。

そのような内容の信認義務が、年金が信託された場合の受託者はむろんのこと、年金の管理運用について何らかの裁量権を有する者すべてに課されている。日本でいえば、信託銀行ばかりでなく、年金基金の理事であれ、投資顧問業者であれ、すべて信認義務（受託者責任）を負うことになる。それはすべて信認法（fiduciary law）として一元的に適用される。ところが、わが国では、信託銀行は信託法理、生命保険会社は保険法理、厚生年金基金は特別法人であるためその理事は法人法理、さらに投資顧問会社や金融商品取引業者は委任から来る契約法理が適用されるという。これでは法律の素人にはそれぞれの義務や責任のあり方は決してわからない。

第2に、エリサ法上、アメリカで信認義務を負う者は以下の4つの義務を負うことが明確に定められ、しかもそれらは強行規定とされている。

① 年金加入者への忠実義務
② Prudent man rule と呼ばれる、年金資産に関する投資運用についての注意義務（専門家として合理的な投資運用をする義務を課すルールを、prudent man〔合理的で思慮ある人間〕ルールと呼ぶ）
③ 注意義務の一つであり、その中でも特に重要な分散投資義務

④　年金プランの趣旨に従って行動するという義務

先に掲げたＡＩＪ事件がアメリカで起きたなら、賄賂を受け取った年金基金理事は第１の忠実義務に違反し、その賄賂を取り上げられる。ＡＩＪ投資顧問会社もそもそも投資方針が無理なものであれば、第２および第３の注意義務に反するとしてやはり責任が追及される。さらに年金基金を食い物にして自らの利益を図っていたなら、第１の忠実義務違反にもなる。そして彼らはすべて信認義務を負う者として、加入者（年金受給者）から訴えられる。

年金の場合、加入者にとって、退職後の生活を支える資金になるわけであるから、その運用の基本を、ハイリスク・ハイリターンな投資に置くことはできない。そういう投資を入れるとしてもごく一部にするような分散投資が図られて当然である。

ところが、一部の厚生年金基金では、そういう基本中の基本が守られないような投資がＡＩＪを通して行われた。

年金制度をめぐる無責任の体系――厚生年金基金理事等の責任

アメリカでは、年金をめぐるさまざまな関係者に信認義務（受託者責任）が認められている。

だが、日本では必ずしもそうではない。

たとえば、厚生年金基金の理事について、厚労省のガイドラインは「理事は、管理運用業務に関する意思決定について善管注意義務（財産を管理する者として善意に注意深く行動する義務＝引用者注）又は忠実義務に違反した場合には、基金に対し連帯して損害賠償責任を負う」と明記する。だが、そこには理事とだけあって、他に年金の管理運用に深く関与する投資顧問会社をはじめとする他の関係者に、同様の義務が課されるとは明記されていない。

ところが、1998年、驚くべきことに厚生年金の理事についてすらその責任を限定する判断を大阪地裁が示した。そこで争われたのは、解散した厚生年金基金について、基金の解散が遅れて損失が増加するなど理事の善管注意義務が問われた事件である。大阪地裁は訴えを否定し、第1に、理事は基金に対し義務を負う存在であり、個々の事業主（加入者）に対し委任関係にないので、債務不履行責任を負わないこと、第2に、過失によって損失を被らせたと主張される点については、厚生年金基金は公的年金の代行部分を引き受けているために、理事はみなし公務員とされ、その結果、国家賠償法上公務員の個人責任を問えないのと同様に、理事に不法行為責任も問えないとした。

これは驚くべき判決である。確かに先に掲げた「連帯して損害賠償責任を負う」というのは基金に対するものと明記されている。だが、いったい基金の誰が理事長や理事の責任を追及できるのだろうか。

アメリカの年金基金に対する信認義務を負う者に対しては、prudent man rule（合理的な投資を行う人のルール）が適用されて、投資に際しても、手続的な注意義務と実体的な注意義務の両方が課される。手続的な要件とは、①投資について適切な調査、評価、仕組み作りをするための合理的手段をとること、②そのような投資について能力があり知識のある他の人たちと同様に行動したこと、③投資に関する決定に際し、独立した（利害関係に影響されない）判断を行使したこと、を意味する。実体的な要件としては、まさにprudent man ruleを言い換えて、同様の状況において信認義務を負う合理的な投資家を想定し、それと同様の判断をしたか否かが問われる。

もちろん、アメリカでも、投資結果が悪ければ即責任ありとされるわけではない。結果責任を問われるわけではないが、そもそも加入者に対し注意義務を負わないとされることはありえない。

結局、わが国の複雑な年金制度は、その複雑さゆえに精緻にできているように見えて、実は無責任な体系を作っていただけではないかという疑いが生ずる。実際、ＡＩＪ事件も、数名が逮捕されているものの、お金は返ってこないのだから、被害者にとってそれでは何の解決にもなっていない。そして、刑事処罰だけで、このような投資に関わる不祥事がなくなるかといえばそうはいえない。

そうだとすれば、なすべきことはある。わが国では、年金制度における信認法（受託者責任）の体系こそまず整備すべきである。

年金頼みへの反省――年金だけでは不安、でも貯蓄と投資は？

それと同時に、私たち自身が「年金頼みの老後」という観念を反省せざるをえない。年金制度とは、結局のところ、公的年金であれ私的年金であれ、他人に自らのお金の運用を委ねているということである。しかも、わが国の場合、委ねられた相手方の責任を問う方法が刑事裁判という実際には何の意味もないものしかないというのだから。先に引用した朝日新聞の記事で、栃木県石油業厚生年金基金に加入していた給油業者が嘆いたように、厚生年金基金という制度による「詐欺みたいなもんだ」としても、後悔先に立たずである。

しかしながら、2014年版の高齢社会白書によれば、退職後の生活は公的年金で、と答えた人が8割以上だという。ただし、本当にそれで安心だと皆が考えているとは思えない。年金をめぐる制度的不安が払拭できない中で、実は、すでに多くの高齢者は、年金だけでは頼りにならないことを知っており、貯蓄に励んでいるのではないか。いざという時の必要のために。

ただし、それは単なる貯蓄であり、投資運用と呼べるようなものではない。なぜなら、これだけ多くの高齢者が「オレオレ詐欺」とその発展型の多様な詐欺の被害者となっているが、その中でいとも容易に現金を引き出して、騙されて盗られているからである。すぐに引き出せるようなタイプの預貯金か、あるいはもっと単純なら「タンス預金」にしている様が見える。

それではアメリカでいう第3の矢、自助努力による老後の備えには決してならない。もちろん貯蓄はないよりはあった方がいい。だが、老後を本当に安定させるには、貯蓄ではなく、その資金を分散させて、貯蓄以上の収益を生む別の投資に一部を回す知恵も必要である。株式であれ、賃貸用不動産であれ、投資信託であれ、外貨預金であれ。もちろん、そのためにはもっと若い時代からの投資教育が不可欠である（私自身が、普通預金に預けてあるだけの人間なので、本当に自戒を込めての話である）。

たとえば、小さなことかもしれないが、中古のマンションを購入すると、不動産取得税がかかる。ただし、居住用だとかからない。具体的にいえば、マンションを購入して賃貸用にし、一定の収入を退職後の準備用にしようとすると課税される。もちろん、居住用の住宅は別にもっている相対的に裕福な層だから課税は当然という考え方もある。しかし、見方を変えれば、年金だけに頼らないようささやかな準備をしようとするのを阻害しているともいえる。少なくとも奨励はしていない。今後は、このような小さな面でも、高齢者の自助努力を支援するような発想の転換が必要だろう（もっとも私自身がしていないことを、このように書くのでは、言うこととすることが違うとの批判を免れないが）。

みんなが投資のプロになれるものではない

ただし、以上のように言うことは、国民のすべてが利殖や投資のプロにならなければならないという意味ではない。年金以外の備えが必要だとすると、まさに信頼できる別の専門家に、年金とは別の形で資産運用を託せるような仕組みが必要だということである。その仕組み作りにわが国の法が成功しているなら、怪しげな投資話で騙される人も、もっと少なくなるはずである。

さらに一言付け加えるなら、従来の貯蓄中心の発想では、お金は金融機関に集まり金融機関の判断で融資が行われる（これを間接金融と呼ぶ）。だが、国民の多くが株式や社債、さらにそれらを組み合わせた投資信託で資金を運用することは、彼ら自身が応援しようとする会社や産業に資金を提供することを意味する。会社からいえば、投資家からの直接金融が可能になる。そのようなお金の流れを増やすことは、大きくいえば、国民が必要と考える産業や会社にお金が集まるという意味でもある。

ともかく、すでに多くの人は年金だけで老後を迎えるのに不安を感じている。政府も、年金制度が将来破綻しないよう、2004年から「マクロ経済スライド」なる仕組みを導入した。時々の社会情勢（現役人口の減少や平均余命の伸び）に合わせて、年金の給付水準を自動的に調整する（減額する）仕組みである。しかし、全体としての年金制度がそれによって維持されたとしても、個々の家計にとってさまざまな事情変更に対処できるかは、別問題である。

そうだとすれば、ちょうど判断能力を失って成年後見制度を利用することが（第4章で述べたように）そのような事態に備えるプランニングの失敗を意味したように、老後の経済的基盤を確かなものにするには、年金以外の要素を含めたプランニングが必要になる。その面でも、多くの人にとって意識改革が必要であり、経済的なコンサルタントばかりでなく、その手法について、法的な知識を有する専門家の支援も必要となる。

2　死後への配慮と相続争い――死後に困ること、相続が「争族」に

人は誰でもいずれは死ぬ。高齢者になれば、知人が徐々に亡くなっていくので、それを実感する。できれば、自らの死後について、妻または夫や子どものための配慮をしておきたいと考える人も多い。それなのに、昨今の相続は「争族」とも表現されており、相続争いが増加して

いる。

それは司法統計に表れていて、特に相続財産額5000万円以下の場合、さらには1000万円以下の場合に争いとなるケースが増えている。相続争いの7割から8割近くが相続財産5000万円以下だという（最高裁『裁判の迅速化に係る検証に関する報告書』6社会的要因の検証　4・3遺産紛争〔第5回迅速化検証結果・2013年〕）。

「自分のところは、財産といえば家しかなくて、他の資産はほとんどないから、争いになるわけがない」というのは、今や完全に誤った認識である。

すでに2012年9月5日の日本経済新聞は、大相続時代（今後高齢者が増えて、しかも必ず死亡するので、毎年の死者数が増える時代になるという意味）の新常識を4つ掲げた。

①「資産のない家」ほど、もめる

②「普通の家」にも相続税がかかる（この記事より後のことになるが、2015年1月から、相続税基礎控除が縮小されて、配偶者、子ども2人が相続人の場合、それまでは8000万円まで非課税だったものが、4800万円を超えると課税することになった）

③ 孫へ資産を移す「飛ばし相続」も考える（これは、孫がいるなら孫にも非課税枠を使って生前贈与をするべきだというのである）

④ 相続の前に「認知症」あり（認知症になる前に、相続のプランニングを行うこと。認知

症になった場合の財産管理の対策も講じておくこと）
いずれもっともなことなのだろう。だが、それが常識になっているなら、家庭裁判所での相続紛争増加にストップがかかっているはずである。しかし、現実はそうではない。その責任は、法にもあるのではないかと思う。

死亡後は預貯金がおろせない――共同預金口座がない

まず不思議だと思うのは、そして多くの家庭で困っているのは、突然、父親が死亡した際に、それを銀行に知られると、預金がおろせなくなるという事態である。たとえば、ゆうちょ銀行は、ホームページ上で相続の手続を説明しているが、相続の申し出から始まり、必要書類の郵送と提出、相続払戻金の受け取りまで、全体として1カ月程度かかるとしている。相続人が多数存在し、その間に相続争いがあるようなら、簡単に書類は提出できなくなるから、もっと時間がかかる。

一般に、相続に必要な書類とは、各銀行での所定の書類（亡くなった被相続人の取引内容、相続の処理方法、相続人全員の住所・氏名・署名などを記入するもの）ばかりでなく、公的な書類が必須となる。亡くなった人の戸籍謄本、相続人の戸籍謄本や印鑑登録証明書などであり、これまた面倒きわまりない。

そこで私たち庶民は、銀行に知られないうちにキャッシュ・カードで引き出すような技を強いられる。葬儀費用を含めて、さしあたり現金を必要とするからである。

近年、信託銀行は、信託口座を開設することで、これらの面倒を回避できると宣伝している。それが預貯金だから死亡した瞬間に法律上は相続人の相続財産となるのであり、相続人全員の合意がなければ引き出すこともできなくなるが、信託なら、受益者として指名されていた人の権利が明確なので、一定額の範囲で資金を引き出すこともできるからである。

信託銀行が、普通の銀行で提供できないサービスを提供すること自体はいいとして、なぜ銀行ではそれができないのだろうか。

それは、日本の相続法が、きわめて観念的に、ある人が死亡した瞬間に相続が生じ、相続財産が相続人全員の共有になると考えているからである。実は預貯金だけは自動的に分割されて個々の相続人に帰属すると観念されていると法律家はいう。だが、現実は同じである。銀行側からすれば、何人相続人がいるかもわからないし、遺言もあるかもしれないので、個々人の引き出し請求に応じないのである。

そのことから3つの効果が発生する。

①　まず、共有者全員が誰かを確定しなければならない。共有者間に平等な取扱いが要請されて、それぞれに相続財産に何らかの言い分があればそれを聞かなければならなくなる。そして、遺産分割も相続人間の合意が原則となる。だからこそ、預金もおろせなくなる。

②　次に、相続財産は常にプラスとは限らない。死んだ父親が思わぬ借金をしていて、あるいは連帯保証人となっていて、突然、負の財産が相続人に降りかかってくることがある。うかうかしていると、「親の因果が子に報い」という事態が生ずる。

③　最後に最も重要な点は、共有財産といってもきわめて観念的であり、実際にどの財産が自分のものになるかは相続人にもわからない。しかし、いったんは共有になったといわれると、何か権利が発生したと誤解することになる（預貯金に至っては、自動的に分割されて個々の相続人のものだとすら法律家は観念的に説明するのだ）。だが、民法第900条の定める法定相続分とは、被相続人が決めておかない場合に備えて法が定めているに過ぎないのである。たとえば、「子及び配偶者が相続人であるときは、子の相続分及び配偶者の相続分は、各二分の一とする」というのも、遺言で何の定めもない場合に、紛争にならないよう規定しただけのことであり、この場合でいえば、2人の子がいるとして、それぞれの子に相続財産の4分の1の権利があるというものではない。

ところが、日本の相続法の観念と法定相続分の規定は、あたかもそれが権利であるかのような錯覚を与えている。「私には法律上の権利がある。それより少ない取り分はおかしい」という主張を許し、あえていえば、民法が紛争を生じさせているのだ。

話を預金に戻すと、アメリカでは、配偶者間で連名の共同預金口座（joint account）を設定するのが一般である。一方の配偶者が突然死亡しても、当該預金は残された配偶者のものとなり、預金はいつでも引き出せる。共同預金口座とはそういうものなのだ。なぜそんな簡単なことが日本でできないのか不思議である。「死んだら即相続」という観念、しかも実際に財産が手に入るわけでもない観念を法が作り上げて、みんなの迷惑になっているとしか思えない。

遺言と遺留分――争いの種

民法自体が認める大原則は、民法の規定による法定相続よりも、遺言による相続が優先するということである。

たとえば、配偶者と子ども2人が残された場合、法定相続分は配偶者が2分の1、子どもはそれぞれ4分の1を相続することになるが、それは、遺言のない場合である。したがって、遺言で配偶者にすべて残すと書いてあれば、それが優先するはずだ。法定相続分を定める民法第900条は、「任意規定」といって、本来、当事者が自前で相続分を決めていない場合だけ適用されるに過ぎない。最近は、相続争いを防ぐためにも遺言を残すよう多くの本に書いてあり、公正証書遺言も急増している（もっとも2013年の数字で10万件弱であり、1年間の死亡者数を100万人だとすれば1割に満たない。まだまだ法定相続が幅を利かしている）。

ところが、実は先に述べた「配偶者に全部残す」という遺言には、法律上問題がある。民法第1028条は、死亡した被相続人（遺言者）の親や子、配偶者に「遺留分」という権利を認めているからである。しかも、こちらの規定は「強行規定」であり、遺言で遺留分の権利を侵害することができない。具体的には、法定相続分の半分までは、権利として相続取得できるというのが「遺留分」という制度である。先の例では、子どもが反対すれば、2人の子の法定相続分4分の1の半分、すなわち8分の1（2人なので合わせて4分の1）は子どもの権利となる。配偶者にすべてを残すと遺言で書いても残りの4分の3しか残すことはできない（子どもが権利を主張しなければ遺言通りになる）。

だが、相続争いになる場合、争う当事者は「遺留分」を持ち出すことが多い。「自分には権利がある」というわけである。

これもアメリカの話で恐縮だが、アメリカの子どもには「遺留分」はない。したがって、ある人の2人の子A、Bのうち、たとえばAは障がいを負っていて、その人の死後の最大の心配だとすれば、Bにはまったく残さないという遺言を有効に作成できる。Aが親の介護等、一番親孝行だった場合も同様である。しかし、日本法の下では、まったく親の面倒を見なかったBにも一定の取り分が確保される。実際、遺留分さえなければ、遺言によって今より争いが少なくなるのではないか。

なぜ法がそんなことまで強制するのかが疑問である。

普通の親子関係なら、親はどの子も可愛いとして、遺言の中でどの子にも一定の配慮は示すだろう。子どもの遺留分に意義があるとすれば、それは子どもが未成年の場合であり、しかも親が子の生活をまったく顧みないような遺言を作るケースである。それなら、そのような場合だけに「遺留分」を限定するのがよい。

遺言を作成してもなおその内容を否定する「遺留分」。それに基づく権利主張を認めていることが相続争いの種となっているように思う。

遺言の種類と問題点――自筆証書遺言

遺言には、さまざまに種類があるが、通常のタイプは、自筆証書遺言と公正証書遺言である。自筆証書遺言は、最も簡単な方式の遺言で、文字通り自筆で遺言を書けばよい。ところが、わが民法は、遺言者の真意によるものであることを担保するため、遺言を厳格な要式行為としており、形式を守らないと無効にしてしまう。自筆証書遺言の場合、「遺言者が、その全文、日付及び氏名を自書し、これに印を押さなければならない」（民法第９６８条）。

自書とあるので、まさに自分で書くことが要求される。パソコン・ワープロで打ったものは無効（この時代に、パソコン・ワープロだとだめだというのだ。名前の部分だけ自書するのではいけないらしい）。日付のないものも無効。判例では、「昭和41年7月吉日」と日付を書いたために無効とした例もある。

一般に、相続に関する書物では、自筆証書遺言を勧めず、後に紹介する公正証書遺言を勧める。自筆証書遺言は、いつでも一人で作成できるし、費用も要らない。内容も秘密が保たれるにもかかわらず。それなのになぜ勧められないかというと、素人は前述のような厳格な要式を守らないで作成し無効になるおそれがあること、公正証書遺言の方が、紛失、変造、隠匿などのリスクがないこと、相対的には遺言をめぐる争いになりにくいといった利点があげられている。

実際、自筆証書遺言は、増加傾向にはあるものの、２０１３年度は1万６０００件あまりという数字であり、10万に近い公正証書遺言よりはるかに少ない。なぜ自筆証書遺言の数がわかるかといえば、自筆証書遺言が効力をもつためには家庭裁判所の検認が必要だからである。したがって、正確にいえば、２０１３年度に家庭裁判所に検認の請求があった数が1万６０００

件あまりであり、その年度に自筆証書遺言が書かれた数とは異なる。それは、まさに自分で勝手に書いて保存している例が多いので、統計には出てこない。

しかし、最大の問題は、この家庭裁判所による検認である。家庭裁判所自体が次のようにホームページで宣言している（傍線は筆者による）。

遺言書（公正証書による遺言を除く。）の保管者又はこれを発見した相続人は、遺言者の死亡を知った後、遅滞なく遺言書を家庭裁判所に提出して、その「検認」を請求しなければなりません。また、封印のある遺言書は、家庭裁判所で相続人等の立会いの上開封しなければならないことになっています。

検認とは、相続人に対し遺言の存在及びその内容を知らせるとともに、遺言書の形状、加除訂正の状態、日付、署名など検認の日現在における遺言書の内容を明確にして遺言書の偽造・変造を防止するための手続です。遺言の有効・無効を判断する手続ではありません。

要するに、わざわざ家庭裁判所に出頭して開封する手間をかけても、それで遺言の有効性を確認してくれるわけではないのである。それなのに、申立書の他に、遺言者の出生時から死亡時までのすべての戸籍（除籍、改製原戸籍）謄本、相続人全員の戸籍謄本をそろえて出頭しなければならない。しかし、すべての相続人が立ち会う必要もなく、その後いくらでも遺言の有効性を争うことができる。いったいどれほどの意義のある手続なのかが大いに疑問である。それとは対照的に、公正証書遺言の場合には、家庭裁判所での検認を受ける必要がない。

そもそも遺言者の真意によるものであることを確保するために、厳格な形式を守れという発想が、きわめて法律家的かつ形式的ではないだろうか。これでは、形式の不備により、遺言者の真意が無視された事例も数え切れないくらいあったに違いない。その正当化が、「遺言者の真意を守るためだ」というのでは、まったく自己矛盾である。

それなら、英米の弁護士が登場するミステリー映画のように、弁護士と相談しながら遺言を作成し、その遺言を弁護士に預かってもらう方が、ずっとよいような気がする。もちろんそれでも遺言無効の訴えは起きるだろうし、ミステリーでよくあるように（たとえばアガサ・クリスティ『スタイルズ荘の怪事件』）、どれが最新の遺言かで問題は起こるだろう。しかし、すぐ後で述べるように、公正証書遺言を作っても、なお遺言無効が認められる例もある。それに比べれば、公証人以上の法律の専門家が介在する方が、ずっと紛争予防になるはずだが、わが国の相続に関係する書物で、そのような方法を勧めるものはほとんど皆無である。そうではなく、公正証書遺言が勧められている。

だが、わざわざ家庭裁判所に出頭させるのであれば、その場で、相続人全員の立ち会いを義務づけて、異議がなければ遺言を有効とすると決定するサービスはできないものだろうか。もちろんその場では容易に判断できないのなら、1週間程度の猶予期間を置いてもよい。異議があれば、それはまた別物であり、遺言の有効性を争う別の手続に移ればよい。ただ、異議のない（おそらくは多数の）ケースでは、これによってまさに家庭裁判所でのサービスが受けられる。それ以後、争いが蒸し返されることがないからである。後に述べるように、これもアメリカの話で恐縮だが、アメリカの検認手続はまさにそのような意義を有する。それがなぜわが国では不可能であり、紛争を起こせる状況を続けさせるのかが不思議である。

手軽に遺言とはいかない――公正証書遺言

公正証書遺言とは、遺言をしようとする人が公証役場に赴いて作成する遺言である（行くことのできない場合は別段の措置が用意されている）。自筆証書遺言に比べて、公証役場で遺言を保管してもらえるため、紛失や改ざんの危険がなく、遺言が発見されないというリスクもないこと、公証人と証人2人以上の面前で作成されるから、遺言無効という理由で争われる心配が「ほとんどない」という。それに加えて、家庭裁判所に検認を求める必要もない。

ただし、こちらの方は、一定の手数料がかかるほかに、証人には遺言内容を知られるという問題がある。
公正証書遺言を作成しようとする場合、次のような資料を用意する必要がある。

① 遺言者本人の印鑑登録証明書
② 遺言者と相続人との続柄が分かる戸籍謄本
③ 財産を相続人以外の人に遺贈する場合には、その人の住民票
④ 財産の中に不動産がある場合には、その登記事項証明書（登記簿謄本）と、固定資産評価証明書又は固定資産税・都市計画税納税通知書中の課税明細書
⑤ 証人2人を遺言者の方で用意する場合、証人予定者の名前、住所、生年月日および職業をメモしたもの

自筆証書遺言の場合、家庭裁判所で検認を受ける段階で戸籍謄本などを用意する必要があったが、公正証書遺言の場合、遺言作成時に、これだけのさまざまな書類を用意しなければならない。「手軽に遺言」ということには決してならない。

手数料は、日本公証人連合会のホームページで公表されている。たとえば、総額1億円の遺産があり、配偶者と子ども2人に、それぞれ6000万円、2500万円、1500万円を残

すとすると、手数料は配偶者分が4万3000円、子ども2人はいずれも2万3000円、合計で8万9000円、それに遺言加算という特別の手数料1万1000円が加わるので、ちょうど10万円になる。それが高いか安いかは、公正証書遺言にする価値をいかに評価するかによる（なお、この遺言は、子の遺留分が遺産全体の8分の1の1250万円なので、遺留分を侵害していない）。

公正証書遺言について最大の課題は、これだけ手間暇かけながら、「これまで公正証書遺言の効力につき争われた事例や無効と判断された事例も少なくない」（加藤洋美「公正証書遺言の効力が争われた事例について」93頁）という現実である。

公正証書遺言でも相続争いが——遺言無効を認めた判例

最近の事例として、2013年3月6日の東京高裁判決を紹介しよう。

被相続人は、82歳で死亡した男性で、63歳までは外科医として働いていた。55歳時点で妻に全財産を相続させる旨の自筆証書遺言をしていたが、81歳の時点の2007年3月2日、実妹に全財産を相続させる旨の公正証書遺言を作成した。この時点で、妻は、がんの末期であり、実際に、2007年4月21日に79歳で死亡している。さらに被相続人（遺言者）も8月27日に相次いで死亡した。残された公正証書遺言が有効なら、全財産は妹のもとへ移転するが、被相続人の弟らが反対し、この遺言の無効を主張した。そして、第1審の横浜地裁は有効と判断したが、東京高裁はその判断を覆して無効としたのである。

その理由は、被相続人が罹患していたうつ病および認知症ならびに投与薬剤の影響により、公正証書遺言作成時点で、遺言能力を欠くというものだった。

判決文の最後に、東京高裁の裁判官は、本件公正証書遺言の作成に携わった公証人に対し、叱責と呼んでもいいような表現でその不合理な判断を批判し、「公証人の回答のみから、本件遺言の作成手続が、太郎（遺言者＝引用者注）の正常な判断能力の下に適正にされ、太郎の真意に基づき本件遺言書が作成されたかについては、疑問が残るというほかない」と結論づけている。事実がこの判決文の通りだったとすれば、公証人にも何らかの専門家責任が問われてよい事例である。

もう一つ、やはり東京高裁が2010年7月15日の判決で、公正証書遺言を無効とした事例がある。この事件では、遺言者（女性、87歳）が、遺言当時、認知症の程度が進んでいたとして第1審判決は遺言無効とし、東京高裁はそれを支持した。この場合、司法書士関与の下で全財産を妹に遺贈する旨の公正証書遺言が作成され、長年、遺言者と同居して介護に当たり、養子縁組もしていた養子から、遺言無効の訴えが提起され、それが認められた。

これらの事例は、2つのことを教える。一つは、公正証書遺言をしていてもなお相続争いを完全には防げないということであり、いま一つは、今後わが国において認知症患者の確実な増加が予想されている現在、せっかく公正証書で遺言しても、このような紛争が増加するだろうということである。

3　相続争いの予防策——日本の場合、アメリカの場合

わが国の相続争いの根本原因

わが国において相続をめぐる紛争が今後とも増加するとすれば、それは次の3つの要因による。そして、それらはすべてわが国の法制度の欠陥と関係する。

① わが国では、どうやら人々にそれぞれ相続する権利があるという誤解を植え付けてしまった。民法第900条、なかんずく子が平等に相続する権利があるというのは、あくまでも被相続人が何も決めなかった場合の補助的な規定に過ぎない。当事者が何も決めていなければ、平等に分配するのは当たり前だろう。だが、それは権利ではなく、法律的な言葉では「任意規

定」（当事者が何も決めていない場合に適用される規定）に過ぎない。被相続人が遺言で別段の定めを置かない場合にそれによるという意味なのだ。

ところが、場合によっては、民法で平等と定めているのに、それと異なる配分を遺言で定めると、相続をめぐる争いが起こるという。形式的な平等原則で、子どもの間で等分に相続できるという観念は、まったくの誤解だということを広めないと、相続争いはなくならない。

本当は、成人後の子どもの遺留分も廃止したらよい。それによって、はっきりと相続権という観念は弱まるだろう。

② 仮に遺言者（被相続人）が生きていたら、相続争いはずっと減少するだろう。何しろ死んだはずの（たとえば）父親が、そこにいて子どもたちの相続争いを見ているのだ。しかも、はっきりと口を出して父の決定を示すなら、そうでなければ相続での権利主張をする子も、さすがに自分の主張が父親の意思だとはいえないし、黙らざるをえないだろう。

逆にいえば、遺言をめぐる争いは、当然ながら、遺言者が死んでしまっているから生ずるのである。それなら、遺言ではなく、生前に死後の措置を定めておいたらどうだろうか。もちろん遺言も生前に定めるものである。だが、それが効力をもつのは死んでからである。

つまり当人が生前に定めたものが、当人の生前にすでに発効していれば、死後の争いは相当に減少するだろう。アメリカの生前信託はそういう機能を果たしている。だが、日本ではまだ利用されていない。

③　日本の法制度が時代の変化に対応していないことも大きな要因である。かつては、高齢者といってもそんなに長生きしなかったし、短い老後を主として子の扶養と介護に頼ってきた。そのような時代なら、子が相続を権利ととらえるのも当然かもしれない。しかし、今や多くの高齢者は子に頼っていない。そうであるなら、法もまた新たな時代に即応すべきなのだが、旧態依然の法の仕組みが行われている。

まず、遺言をしない無遺言相続（つまり民法の定めによる相続）が大部分であること。そこには形式的な平等原則を書いてあるだけなので、実際の親子関係を映していない。自分を犠牲にして介護した子も、そうでない子も、無遺言相続では平等になる。これはおかしい。本当の意味で平等とはいえない。

次に、遺言を残しても、それを無効と主張する争いが起きやすい。自筆証書遺言における家庭裁判所の検認について、遺言の有効性を確認する効果はないといって平然としているのが理解できない（裁判所まで来させるのなら、その時点で異議を申し立てない限り以後は遺言の有効性を争えないことにすれば、相当数の紛争は防止できる）。公正証書遺言にしても、前記の例のように、遺言能力を問題にして、不利な扱いを受けたと感ずる遺族が争いを仕掛けることが可能である。これもまた、公正証書遺言は原則有効とし、公証人が相続人の誰かと結託したような場合だけ無効とするなら、公正証書遺言の価値が高まり、紛争も減少するだろう。

さらに問題なのは、わが国の場合、遺言の定めと異なる相続人間の遺産分割協議を有効とする点である。たとえば、生前は親を顧みなかった図々しい相続人が権利主張をする。親の心配をしてきたおとなしくて人のいい相続人が、相続争いに嫌気がさして、前者に譲ってしまい、何らかの合意ができると、被相続人の意思（遺言）を無視できるのだ。文句を言う人の「無理が通れば道理が引っ込む」式のやり方が通る。このような仕組み自体が、相続争いを増やしている。

注意すべきは、この種の相続争いに、現在の家庭裁判所が相当に時間を費やしていることである。これらの紛争解決も国民の税金によって動いている。相続争いをするのも国民ではないかといわれそうだが、率直にいって、個々の家庭の相続争いに公共性はない。そのような紛争は、できるだけ予防し、家庭裁判所でもっと大事な事件（離婚後の、特に幼い子をどうやって保護するか、犯罪に陥った少年の更生にどのような策を講ずるかなど）に時間と労力を費やしてもらうのがよい。

ここでもアメリカの例を出すのは気が引けるが、アメリカでも遺産をめぐる争いがあるとしても、日本よりはずっとましな法的対応がなされている。

アメリカの相続――その仕組み――生前の感謝・遺言執行者の存在

なるほどアメリカの相続とはこういうものかという経験をしたことがある。ただし、私自身ではなく、知人のもとに一通の手紙がアメリカから届いた。それを読むと、「あなたの名前が、今度亡くなったAさんの遺言に受遺者（遺贈を受ける人）として書かれている。期日に裁判所に出頭し、異議があれば申立てをしてください」という内容である。

知人は、アメリカ留学中、隣人のおばあちゃんと仲良くなった。彼女は一人住まいで、知人は小さな子どもが2人、子どもの世話をしてくれたり、一緒に食事をしたり、しょっちゅう行き来する仲になっていた。知人の帰国後、そのおばあちゃんが死亡したのだ。そして、遺言を見ると知人にも何かを分けたいと書いてあったらしい。

相談を受けた私は、そのためだけにアメリカの裁判所に出頭するわけにはいかないだろうから、知らせてきた弁護士事務所に「自分は忙しくて出頭できない。すべてを委任する」旨、手紙を出す（当時はメールがなかった）のがよいと助言した。もしかしたら貧乏そうとまでいえなくとも、ごく普通のおばあちゃんに見えたが、実は大金持ちで「大いなる遺産」が転げ込むかもしれないとも付け加えたが、その後知人が急に羽振りがよくなり、私にもおごってくれるようになったわけではないので、「大いなる遺産」を受け取ることはなかったらしい。

アメリカの遺言の場合、一種の形見分けで、自分が大事にしていたあるものは誰に、別の何かは別の人に、自分が卒業した大学にも一定の寄付を（彼女は、有名女子大の一つであるスミス・カレッジの卒業生だということがそれでわかった）というようなことが書かれてある。自分が生涯で世話になった人に感謝を込めて遺すのである。その人がどのような友人と付き合ってきたか、どのような人生を送ってきたかを垣間見る思いがする。

ともかくこの例でもわかるように、アメリカの相続の手続はずいぶんと違う。

① この例のように遺言による相続であれ、無遺言相続であれ、裁判所を必ず通さねばならない。そして遺言のある場合が相当に多い。無遺言で死亡する人もいるが、それは本当に財産もなく家族もほとんどいない人に限られる。大げさに言えば、普通の人は、「死後の財産処分を法の定めるとおりにするなんて、自分の人生の失敗を認めるようなものだ」と考えているのである。人生の失敗とは、財産形成に失敗したという意味ではない。自分で考えてするべきことを、何もしないで法任せにすることを意味する。「無遺言相続法」（つまり日本の民法第900条）もまた、何も当事者が決めていない例外的場合に、どうするかを定める補助的な規定に過ぎない。

② ある人が死亡した瞬間に相続が発生し、死亡した人の財産が相続人間の共有財産になるというような観念的な考え方をとらない。現実には、誰が相続人となるか、どれだけの財産の

配分を受けるかは、裁判手続を経なければわからない。

亡くなった後、まず行われるのは、遺言に指名してあれば遺言執行者、遺言がないか、遺言があっても指名がなければ裁判所が選任する遺産管理人を定めることである（以後、遺言執行者と記す場合、これら2者のいずれかを意味する）。彼らが、遺産の配分手続終了までの一時的管理者となる。

遺言執行者は、裁判所と協議の上で裁判の期日を定める。遺言執行者は、ちょうど企業が破産した場合に指名される破産管財人と同様の役割を担っており、会社の清算手続と同じように、死亡者の財産関係の清算手続の責任者となる。ついでにいうと、この遺言執行者も破産管財人も「信認義務を負う者」であり、この地位を利用して自分の利益を図るのではなく、故人の遺志を実現するよう忠実に働くことが義務づけられている。

定められた期日において、死亡者に何らかの債権を有する人はそこで申立をしなければならない。同時に、死亡者が有していた債権も。簡単にいえば、生存中に解消できなかった借金や貸金の関係は、遺言執行者の責任において、裁判という場で決着する。また、遺言について何らかの異議申立があれば、そこで主張しなければならない。そうでなければ、遺言の内容が確定する。

遺言執行者は、このようにして正味の遺産を確定させ、負の財産が多い場合には、遺産での配分を行う（破産手続で、会社の財産を配分するように）。残念ながら、相続人に遺産が行くことはないが、逆に負の遺産を相続させられることもない。なお相続税もこの段階で支払われる。遺産税と呼ばれるのはそのためであり、税は遺産から。相続人が払うことはない。

多くの場合は、借金を清算してなおプラスの財産が残る。遺言執行者は、プラスの財産を確定させて、遺言通りに配分する。そして相続手続が終了する。この一連の手続をprobateと呼び、日本語では遺言検認と訳している。だが、日本の家庭裁判所の形式的手続とは大いに異なる。

アメリカの手続の問題点

アメリカの相続手続にも大きな問題点がある。

まず、時間と費用がかかる。遺言執行者が、すべて順調に任務を果たしても数カ月を要するのが普通である。これに対し、日本の制度は、相続人間で容易に合意がなされる限り、裁判所に行く必要もなく、それぞれ相続した財産の名義書換等に手間がかかるだけである。日本の制度は、もめ事が発生しない限り、さらに被相続人が思わぬ借金をしていない限り、きわめて優れている。むしろ、相続争いを予想していないように見える。

次に、アメリカの相続における最大の問題は、裁判所で手続が行われることに伴う。彼らの発想では、すべての裁判手続は公開となる。たとえ、家族関係の事件でも。相続手続は、家族以外にも受遺者（遺言で指名されて遺産の一部を受ける人。私の知人もそうだった）はありうるし、債権債務関係の清算も行われるので、家族以外にも関係があるから公開は当然とされる。そもそも裁判は公開が原則である。

それが何を意味するかといえば、遺言内容が、傍聴人（がいたとすれば）にも知られることになる。遺産が小さい人は小さいなりに、大きい人は大きいなりに困惑する（もっとも困惑するのは遺族であるが）。ただ、死亡した人にとっても、自分の遺産公開が予想されるから、やはりこのようなことを避けたいと思う人が少なくない）。

第4章で述べたように、フロリック教授は「成年後見制度を避けなさい」と助言していたが、ここでも「相続手続をできるだけ避けなさい」と助言するのがアメリカの法律家である。

実際、アメリカでは遺言代替方法が発展した。それが生前信託である。

生前信託の仕組み――遺言との組み合わせ――相続手続の回避

典型的な例として、次のような信託を設定することができる。

「遺言はバッチリだ」って
親父言ってたけど…

タイトルが
「ワシの財産の隠し場所
―5つの謎を解け!―」
って…․

Aには配偶者B、子ども2人CとDがいるとしよう。

〈典型例1〉

Aは生前信託として、A自身がその時点で有する大半の財産を信託する（つまり財産を特定して、今まで自分の財産だったものを信託財産とする。信託を撤回できなくなった時点で完全に自分の財産ではなくなる）。ただし、受託者は自分であり、受益者も自らの生前は自分とする。死後に（亡くなった時点で）受託者を自ら信頼するTに変更し、受益者も配偶者に変更する。ただし、配偶者は株式配当や不動産賃貸料など、収益の上がる財産からの収益受益者である。それらの収益によって、配偶者の生活が経済的に安定なものとなるよう配慮する。信託財産の管理・投資運用は、後継受託者に任せる。配偶者が死亡した時点で、すべての信託財産を、CとDに平等に配分して信託終了となる。

なおAは遺言もする。その理由は、信託財産として指定しない財産が残るからであり、特定の財産を特定の人に遺贈したいという希望（形見分け）もあるから。その場合でも、遺言の最後に、ここで特定した遺贈以外に残る財産は、すべて信託財産に帰属すると定めて死亡した時点で信託財産に追加し受託者に委ねる。

このような信託設定で3つの目的が達成できる。

① 信託に入れた財産については、後の相続関係の裁判で公開されることにならない。信託財産は相続手続から分離される。

② すでに生前からスタートする信託であるから、死亡した時点でただちに遺された人の受益が開始する。時間も費用もかからない（ただし、後継受託者への手数料は発生する）。

③ 相続争いも起こらない。本人が定めたとおりのことが、本人が生きている間（生前）に開始される。仮に本人がこのような仕組みを作ったことを配偶者や子どもに説明し、たとえば子のCとDで平等ではない配分を定めたとしても、その時点で不利な受益権しかもらえなかった子は、Aに対し文句を言うほかかない。通常は、配分内容も秘密にできる。

なお、Aの生存中は、この信託では何らAが所有している状態と変わらない。税金も債権者との関係もAが所有している状態と変わらない扱いがなされる（信託財産だからといって債権者からの差押えを逃れるような倒産隔離効果も認められない）。また、このような生前信託は、撤回も変更も自由と定めるのが普通である。遺言代替方法といわれるゆえんである（遺言はいつでも撤回自由だから）。要するに、遺言とまったく同じ機能を果たしながら、その信託財産の部分だけは相続手続から外すことができる。

もう1点付言すると、アメリカでは相続税は世代間移転に関する税と考えられており、A死亡時点で配偶者に全財産を相続させても相続税はかからない。本設例の場合、配偶者には収益受益権があるだけであり、信託財産についての相続は配偶者死亡後に生ずる。

仮にこのような信託を設定していないと、A死亡時点で、子に財産を残せば相続税がかかる（配偶者への移転は無税でも）。日本と同様に、次に配偶者が死亡した時点でも、配偶者から子に残した遺産についてまた相続税が発生する。だが、この信託では、信託財産の「相続」は1回で済む。しかも配偶者死亡時点での1回であり、相続税の支払いを先延ばしできる。

〈変形例1——信託その他で認知症への備えもできる〉

設例の信託は、受託者変更（後継受託者への引き継ぎ）をA死亡時点としていた。しかし、実際には、フロリック教授がいうように、Aは、死亡に備えるだけではなく、自らが認知症その他で判断能力、この場合、財産管理能力を失った場合に備えるのが普通である。

そこで、Aが判断能力を失った時点で、Aの信頼する受託者に受託者を変更すると定めておく。あらかじめ、持続的代理権委任状も作成しておく。これは、信託財産以外の財産管理を委ねるためであり、場合によっては医療上の決定も委任する（それらについて自らの希望を代理人や受託者に説明しておくのはもちろんである）。

なお判断能力を失ったか否かを判断する基準も決めておく。たとえば、自らの信頼する医師と配偶者Bがともに「これはだめだ」と判断したとき、というように。裁判所で、成年後見の決定を得るというような手間暇をかけないための仕組みを作っておく。

これによって、生前信託が、遺言を中心とする相続手続の代わりになるばかりでなく、持続的代理権と組み合わせて、成年後見に代わる自前の制度となる。

このような仕組みが日本でも行えないものだろうか、と考えるのは私だけではないだろう。最近、このような家族信託が日本の信託法の下でも可能ではないかと勧める著書がいくつも刊行されている。

アメリカの仕組みで最大の問題は、そのような信頼できる受託者が見つかるか否か、仮に見つかったとして、その人が信頼を裏切って、勝手に自分のものにしたらどうなるかという点である。逆にいえば、受託者となる人は「横領しているのではないか、勝手なことをしているのではないか」という疑いもかけられる。

実際、受託者となるのは大変なことだという嘆きを伝える論文をかつて読んだことがある。「私が思うに、受託者の任務というのは、幸福な運命をもたらしてくれるものではない。ささやかな報酬と引き換えに、常に苦境に立たされる。そして、受託者のバイブルには次のルールが書かれている。『いつも悪いのはおまえだ』。こうして見ると、どうしたら受託者になろうと

する人が出てくるというのだろうか?」(Schuylerの1961年の論文)

弁護士も、依頼人との間で昔からの顧問先の関係があるなどすれば別だが、信託の設定等の助言と文書作成はしても、自ら進んで受託者になろうとしないという話もある。

ただし、実際にそれから半世紀を経ても「受託者になろうとする人が出てこなくなった」という話はない。受託者を複数にして役割分担をする(一人は家族の中から、もう一人は投資運用の専門家である銀行など)ことなど、工夫がなされている。

同様に、受託者や持続的代理権受任者が裏切ったら、という心配に対しても、大きな問題となっていない。そもそも受託者の大半が裏切るような社会なら、信託制度は維持できない。それに加えて信認法(fiduciary law)と呼ばれる法体系があって、受託者や代理人には忠実義務や注意義務を課しているうえに、この関係から不当な利得をあげた際にはすべてその利益をはき出させられる。さらには、懲罰的賠償を加えるような制裁も用意している。要するに、受託者や代理人は「信認義務を負う者」の代表である。

アメリカでできるものが、日本でできないと考える理由があるだろうか。

事業承継と信託の活用——ここでも紛争の防止

実際に相続の際に困るケース、争いになりやすいケースに、相続財産の大半が事業であり、それを親が子に続けさせたいが、必ずしもすべての子がそれを望んでいない（しかし、何らかの相続分は受け取りたい）というものがある。相続財産が金銭か、またはすぐに現金化できるものなら分割しやすいが、そうでない場合、困ることになる。

〈典型例２〉

Ａは家業として花屋を営んでいた。Ａが残せる財産はこの家業だけといってもよく、配偶者Ｂも、これまで家業を手伝ってきた子どもＣも家業の継続を望んでいるが、早くに家を出た子Ｄは家業にはまったく関心がない。Ａが死亡し、Ｄが平等な相続を請求した場合、家業はすべてＣに相続させ、Ｄに金銭を与えて解決しようとしてもうまくいかない。花屋の所在する土地は都会の一等地で相当額になるため、Ｄが受け取るべき相続分が多額の金銭となり、それは他の相続財産からとてもまかなえないからである。

かつてオーストラリアに信託法の調査で出かけたことがある。訪ねた法律事務所は、まさにこのような状況に多数対処していた。本棚にファイルがたくさんあり、それら一つひとつが、この典型例２に対処するための信託の書類だという。弁護士は family trading trust（家業信託）の設定を数多く手伝っており、すでに書式も決まっていて、仕組み自体の基本は簡単である。

「一つ作って（日本に）帰らないか」と言われた。弁護士への費用は6、7万円だという。残念ながら、私には家業がないので断念したが。

Aが子Cに家業を譲りたいと考えた場合、Aは次のような内容の家業信託（家業を継続するための信託）を設定する。Cを受託者として、Cには事業に関わる広汎な裁量権を与える。受益者には、配偶者、子であり受託者ともなるC、さらに別の子Dを指名する。Aが生存中はAも入れる。その配分割合、優先劣後は、事業の価値、収益の状況、遺された配偶者や子どもの経済状況などによる。それぞれが取得した収益にかかる所得税を考えて配分することもある（節税になるように配分する）。

これは、A死亡時に一挙に遺産分割をすることなく、Dに対しいわば相続財産を分割で支払う仕組みである。ただし、Aにとって大事な家業もCが引き受けて続けられる。このような仕組みで、相続争いをして家業を売り払う（あるいは花屋が所在する土地を売却して、現金化して分割する）ことを避けることができる。

〈変形例2〉

同じことは、相続財産の大半が家業でなく、死亡した被相続人所有の不動産という場合でも考えられる。アメリカやオーストラリアでなくても、どこでも起こりうることで、実際に日本で私の身近に起きた。

被相続人Aは一戸建ての不動産を購入し、長女夫妻と孫と長く一緒に住んでいた。子は3人姉妹で、後の2人は結婚して別に生活していた。ところが、Aが死亡したときに、遺産といえるものがこの一戸建ての不動産（それも価値があるのは土地である）だけだった。結果はどうなったかというと、この不動産を売却して現金化し、3等分にして相続することになった。長女夫妻は別の家を探さざるをえなくなった。

相続争いとして家庭裁判所に行くことはなかった。しかし、他により賢明な方法はなかったのだろうか。

不動産を売却するにも時期があるが、このような場合、今売らざるをえないから、売り時でない場合でも売却しなければならない。それ以上に、長年住んでいた家を離れるのは大変だろう。

アメリカやオーストラリアであれば、前記の事業承継を応用し、この一戸建てを信託財産として、長女はそれを賃借し、賃料を収益として、他の妹らに毎月配分するような仕組みを工夫することができる。一時払いの相続で得られる金額に達するまで、それが継続する。もちろんそれにかかる時間分だけの利息も加えるような仕組みができれば、妹らにとっても定期的な収入源となる。

このような形での信託の利用もできるのではないか。そして「街の弁護士さん」が、助言してくれて、争いにならないようなことができないものか。現在でもなお、弁護士が介入するような事態は、それこそ争いがどうしようもなくなっているという証拠であるかのような印象を与える。そうではなく、困った事態を解決する提案をするサービス業として弁護士がイメージされるような時代を、できるだけ早く作らないといけない。そうでなければ、素人の高齢者はただ「困った困った」で終わるからである。

第7章　高齢者をめぐるさまざまな課題

1　高齢者虐待

本当の数はわからないと述べる率直さ――アメリカの状況

虐待の問題では明らかに先進国であるアメリカでは、すでに1988年に連邦法が制定され、「高齢者虐待防止センター」（NCEA: National Center on Elder Abuse）が設置された。このセンターは、全米の高齢者が尊厳をもって生活できること、さまざまなタイプの虐待に遭うことがないようにすることを目的として掲げ、虐待行動の研究、防止のための啓発活動や研修、介入する場合の効果的手法の助言などを行ってきた。

しかし、このセンターでも高齢者虐待の実数を確認するのは難しいと明言する。それでも通報された事案の分析などから、女性の高齢者の方が虐待に遭いやすいこと、年齢が増加するほど高齢者虐待が増えることなどがわかっている。

虐待事件の発見しにくさは、まず高齢者が仕返しをおそれて自分では通報しないこと、そもそも通報する能力すら失っている場合も多いこと、さらに虐待した者をトラブルに陥らせること自体を望んではいないこと（虐待者の9割は家族だから）などによる。他の理由としては、事実が明るみに出されることへの恥辱感があり、虐待者にあまりにも依存しているために、彼または彼女が逮捕されると、自分の生活自体ができなくなるおそれがあるというものもある。

それでも次のように虐待件数の推計ができるようなＮＣＥＡによる調査結果が出されている。
○　最新の調査では、過去1年の間に虐待を受けたと回答する高齢者は、7・6％から10％の間の数を示した。この10％には経済的な虐待（典型は、高齢者の財産の横領）は含まれていない。
○　各州に設置された高齢者保護サービス機関（APS:Adult Protective Services）の報告によれば、高齢者虐待の通報は毎年増加している。
○　州法上、多くのところで、高齢者虐待を発見した人、特に専門家に通報義務を課しているものの、多くの虐待が発見できないままにされている。

○　その結果、ある調査によれば、当局が把握するのは高齢者虐待のうち14分の1（7％程度）にとどまるという。それどころか、ニュー・ヨーク州の調査結果は、1件発見されれば、その24倍（つまり24件）は発見できず放置されたままだとする。

アメリカの65歳以上の高齢者は、2010年国勢調査によれば4026万人あまりである。その10％だから400万人が高齢者虐待に遭っていることになる。もちろん、それは高齢者自身の回答に基づく数字であって、客観的に虐待があるかは別問題である（それらがすべて虐待だとして、1件発見された場合に本当はそれ以外に13件が隠れているとすると、アメリカの高齢者はすべて虐待を受けていることになるから、それはありえないだろう）。

しかし、いずれにせよ、表に出た数の10倍以上が存在すると推計されているからには、すぐ後で紹介する日本で公表されている数字とは桁が違う。同時に、わが国では、本当にそのような数字を信じていいのかという疑問も生む。

数は桁違いに少ないが本当か――日本の高齢者虐待

2014年の高齢社会白書によれば、2012年度の虐待通報件数は、養介護施設従事者等によるものが736件（前年に比べ7・1％増加）、養護者によるものが2万3843件（前年度から7％の減少）だったという。このうち虐待と判断された事例は、養介護施設従事者等によるものが150件、養護者によるものが1万5202件である。2015年の高齢社会白書では2013年度は、養介護施設従事者等による虐待の通報件数は962件、虐待と判断されたのがそのうち221件、養護者によるとして通報されたものが2万5310件、そのうち虐待と判断された事例が1万5731件だった。どの数字も増加を示す。

数字だけを見れば、それでもおそらくアメリカに比べて桁違いに少ない。そういって喜んでいられるだろうか。むしろ、アメリカの虐待防止センターが、高齢者虐待の実数を確認するのは難しいと認めて、実数は相当にあるはずだとしている方が、誠実な態度ではなかろうか。

実は同じことは児童虐待にもあった。アメリカで、児童虐待数が200万件といわれていた時代、わが国では年間1000件程度といわれていたのである。今やその数は、児童相談所の児童虐待相談対応件数（2012年）で、6万6701件とされ、1999年の児童虐待防止法施行前の5・7倍に増加したという。ただし、本当に「増加」したのかどうかは、実はわからない。

虐待の件数の増減は、一つには虐待の定義による。狭い定義をすれば件数は減少する。もう一つの要因が、発見の工夫である。見えない虐待を可視化する努力が少なければ、やはり件数は少なくなる。わが国で、アメリカに比べて高齢者虐待の数が少ないとされるのは、単に、どちらかの理由によるだけかもしれない。同様に、過去より「増加した」というのも捕捉した件数だけのことであり、本当に過去より増えているのかはわからない。

そうだとすれば、そのような曖昧な状況を改善するために、法や法律家にとって何ができるかが課題として浮かび上がる。

虐待の定義・種類――さまざまな虐待

わが国では2006年に「高齢者虐待の防止、高齢者の養護者に対する支援等に関する法律」（通称、高齢者虐待防止法）が施行された。アメリカから遅れてほぼ20年後のことである。この法律は、先の統計にも明らかなように、施設等に入っている高齢者に対し養介護施設従事者等が行う虐待と、在宅等で養護者（多くは家族）が行う虐待を区別している。ただし、虐待の定義はほぼ一緒で次の5種類を並べる。

① 身体的虐待（高齢者の身体に外傷が生じ、又は生じるおそれのある暴行を加えること）

② 放任・ネグレクト（高齢者を衰弱させるような著しい減食又は長時間の放置その他の高齢者を養護すべき職務上の義務を著しく怠ること）

③　心理的虐待（高齢者に対する著しい暴言又は著しく拒絶的な対応その他の高齢者に著しい心理的外傷を与える言動を行うこと）

④　性的虐待（高齢者にわいせつな行為をすること又は高齢者をしてわいせつな行為をさせること）

⑤　経済的虐待（高齢者の財産を不当に処分することその他当該高齢者から不当に財産上の利益を得ること）

これを見ても、種類分けはできても、具体的な事案でそれが「虐待」といえるかの判断が難しいことがわかる。「おそれのある」、「著しい」、「不当に」といった曖昧な言葉が並んでいるからである。しかし、定義を変えるだけで、高齢者虐待が本当に減少するというものでもない。

児童虐待との比較——似たところ、違うところ

高齢者虐待の分類は、児童虐待の場合とほとんど同じだが、児童虐待と比べて「経済的虐待」が入っていることが目立つ。児童の場合、通常、大きな財産はもっていないので、横領や使い込みといった被害は少ないからである。

ただし、3点注目すべき点がある。

①　高齢者虐待は児童虐待に比べて、自ら被害を訴えやすいかといえば決してそうとはいえない。児童の場合、訴えることのできない乳幼児もいるが、高齢者の場合も同様に認知症の人も多い。さらに、訴えることのできる人でも、仕返しをおそれたり、明るみに出ることを「恥」と感じたり、さらには虐待者を告発すると、自ら依存すべき相手を失うおそれもあるなど、状況はきわめて似ている。

②　しかしながら、高齢者虐待の方が発見しにくいのは、施設という限られた空間に入れられていたり、在宅でも外出は不可能というような例が多いからだと思われる。児童虐待の場合、乳幼児であれば乳幼児検診や予防接種の制度があり、それより大きくなれば学校や保育園があって、外の人が虐待を発見する機会が相対的に見れば多い。

③　児童虐待の場合、それを発見した人が児童相談所に通報することができることくらいは誰でも知っているのではないか（実際に通報するか否かは別として）。少なくとも「児童相談所」なるものがあることくらいは知られている。だが、高齢者の場合、「高齢者相談所」はない。いったいどこに通報したらよいのだろうか。この点もまた、児童虐待もそれ自体問題だが、高齢者虐待にはさらに課題が多いことを示す。

効果的な防止のために――高齢者虐待防止法の課題

高齢者虐待の行為は、ほとんどが犯罪でもある。だが、この問題の先進国アメリカでも、刑事法的対応は有効でないとされる。先にも述べたように、被害者である高齢者自身がそれを望まないケースが少なくない。特に、加害者が家族の場合には。また、警察は加害者を逮捕しても、高齢者を介護したり扶養してくれるわけでもない。もちろん緊急の場合、警察力の介入で、暴力を止めるようなケースはありうるが。

日本の高齢者虐待防止法も、「高齢者虐待の防止、養護者に対する支援等に関する施策を促進し、もって高齢者の権利利益の擁護に資することを目的」とすると、第1条で宣言している。この法律で新たに罰則を強化すれば、高齢者虐待は減少するというような、いわゆる制裁型のアプローチではうまくいかないことを認めているからである。

むしろ、養護者が虐待に至る事情を斟酌《しんしゃく》して、支援をすることにより、防止を図ること、すでに虐待に陥っている場合は早期発見して対処することを柱としている。たとえば第6条。「市町村は、養護者による高齢者虐待の防止及び養護者による高齢者虐待を受けた高齢者の保護のため、高齢者及び養護者に対して、相談、指導及び助言を行うものとする」というように。

刑罰による対応とは、結局のところ、事件化してからの対処であるから、それでは遅いのである。特に厳罰化して、「高齢者虐待をすればおそろしいことになる」と脅かせば予防になると考える人もいるだろうが、そのような発想では、一時の満足（自分とは関係ない悪人が罰せられたという満足）を得るだけだ。人は、他人の失敗から学ぶとは限らないし、何よりも、虐待する人がはじめから虐待するわけでもなく、それには多くの場合何らかの事情があるからである。同じ状況では、場合によっては自分もまた加害者になるかもしれないと考えた方がよい。その根本原因を除去することこそ、遠回りのようでいて、法が追求すべき方向性である。

そのためにも早期発見の仕組みが欠かせないはずだが、この点で、わが国の高齢者虐待防止法にはアメリカの法律と比べてもいくつかの問題がある。

第1に、「通報しなければならない」場合と、「通報するよう努めなければならない」場合を書き分けているのが観念的に見える。前者は通報義務、後者は通報の努力義務である。たとえば、第7条は、養護者による虐待を発見した者のうち、高齢者の生命または身体に重大な危険が生じている場合は通報義務が課されるのに対し、生命身体に重大な危険がない場合は努力義務とする（同様に施設に入所している高齢者への虐待の場合も、細かく2つの区分がなされている）。

だが、実際にこのような区別が容易にできるかといえばそうではない。生命身体に重大な危険があるか否かは判断基準として曖昧だから。それに、そもそも、通報義務であれ努力義務であれ、いずれに対しても、結局、通報しなくても何ら罰則はない。

通報義務とするからには、何らかの法的制裁を示すべきである。私自身は「法が常に制裁だ」という考え方に賛成ではない。しかし、この場合だけは、実際に制裁を科すのが難しくとも何らかの制裁はありうると明記しておいた方が、通報を促進すると思う。そういう義務が自らに法律で課されていると知らせるだけで法を守ろうとする人が、わが国には多いと憶測するからである。

ただし、実際に制裁を科すのが難しいということで、簡単な例をあげれば、虐待を発見したか発見しなかったかは簡単に立証できるものではないからである。極端にいえば、「自分は気づかなかった」といわれてしまうと、どうしようもない場合が多い。しかし、義務であるからには、義務に違反した場合に、何らかの不利益があることを覚悟してもらう必要がある。逆に、「制裁まである義務だから仕方がない」というので、通報者にとって、やむをえず通報したという言い訳にもなる。法もまた本気になって通報を奨励している、ということが明白になる。

第2に、「誰であれ虐待を発見した者」という義務づけは、ある意味で、「みんなの義務は誰の義務でもない」ことになりかねない。自分も通報しなかったかもしれないが、隣の人も通報しなかったではないか。隣の人も、そのまた隣の人も通報しなかったから、私も通報しない。制裁するなら、その辺り一帯に住む人を全部制裁しなければならないはずだ。

そういう意味では、高齢者虐待を発見しやすい立場にある専門家だけは少なくとも別個に考えるべきである。彼らには、専門家としての責任がある。ところが、第5条は、「養介護施設、病院、保健所その他高齢者の福祉に業務上関係のある団体及び養介護施設従事者等、医師、保健師、弁護士その他高齢者の福祉に職務上関係のある者は、高齢者虐待を発見しやすい立場にあることを自覚し、高齢者虐待の早期発見に努めなければならない」というのだ。つまり努力義務に過ぎないのである。

これらの人たちこそ、「通報しなかった、その後発見されて手遅れだった」という場合には、法的制裁があってしかるべきだ。努力義務ではなく、「発見したら通報義務を負う」と明記すべきである。最低限この人たちにだけは制裁もありうることにした方がよい。制裁は必ずしも刑罰である必要はない。専門家であるならその資格に関わる処分が考えられる。

第3に、アメリカでこの種の法律が作られる際には、通報者の保護も合わせて規定される。わが国の法律でも守秘義務違反には当たらないとあり、逆に通報者の情報も漏れないことにはなっている。だが、閉ざされた空間で生ずる高齢者虐待について発見できるのは、限られた人たちになるから、おのずから誰が通報したかはわかる場合もあるだろう。

そこで、もっと明確に「通報による責任は一切問われない」と明記すべきだ。通報は常に正確とは限らない。間違った通報もありうる。その際に、通報された人から訴えられる可能性があるのでは、誰しも尻込みしたくなる。関わり合いになりたくないと思うだろう。悪意でまったく嘘の通報をする場合は例外として、そうでない通報については、法的な免責を定めるのが、早期発見のための通報を促進する最低限のルールである。

付言すると、わが国では、「個人情報保護法」があまりに非常識に理解されて社会の利益どころか害になっている部分がある。『高齢者虐待防止法活用ハンドブック』には、次のような設例が掲載されている（初版の208頁）。簡略化して要点だけをいえば、民生委員が高齢者虐待の疑いをもったが、この情報をデイ・サービスの関係者や市の高齢福祉課の職員に話してよかったのだろうか、という質問である。さらに、デイ・サービスの職員が、かかりつけ医に情報を聞こうとしたが、「家族の了解がなければ教えない」と言われたということも付け加えられている。

このハンドブックでは、もちろんこのようなケースでの情報の共有は法律上も認められること、医療機関が情報開示に応じないために、虐待への適切な対応が遅れる事例があるから、かかりつけ医の対応は間違っていると明確に記されている。ただし、それでもこのような対応が現実にある。

「個人情報保護法」が、虐待の早期発見のための情報共有を阻んでいるとしたら、それは法に対する典型的な過剰反応である。この点では、ほとんど実害のない個人情報漏洩まで、さも大事であるかのように報道してきたメディアにも大きな責任がある。「個人情報は保護しなければならない」という主張が、「情報は守られたが、高齢者は死んでしまった」という事態を生むとしたら、現代の戯画以外の何物でもない。「法を守って人が死ぬ」というのは、そもそも法に対する誤解があるからである。

高齢者虐待——その他の課題——誰がどのように対応できるか

発見のシステムを整備すると、高齢者虐待の件数は急増する可能性がある。同時に、通報によって虐待の発見が促進されただけでは意味がない。それはまさに問題に対処する第一歩であり、その後、いかなる対応をするかが肝心である。

「高齢者虐待防止法」は、先に引用した第6条で明記しているように、対処の責任を市町村としている。しかし、市町村も、高齢者虐待の件数が増加したら、それに対処しきれなくなることも予想される。同法は、老人介護支援センターや地域包括支援センターその他関係機関、民間団体等との連携協力体制を整備して対処するとしているが、その中で、まさに高齢者による支援を活用できないだろうか。高齢者を支援員に任命すれば、自ら介護の苦労を経験してきた高齢者こそ、介護の大変さがわかり、有用な働きを示してくれるかもしれない。それは、より一般的には、高齢者の生きがい就労のあり方という課題にもつながる。

2　ポジティブな人生を――高齢者の生きがいと就労

わが国では、高齢者層が増加し、しかも健康寿命の増進を政策課題としているのであるから、これら高齢者の人たちが健康でいられるためにも、さらにそれが社会の中で一定の役割を果たしてもらうためにも、「高齢者の就労と活躍」（『東大がつくった確かな未来視点を持つための高齢社会の教科書』70頁）を図る必要がある。「年齢に関わらず働きたい人が働ける社会にする」。その場合の「働き」とは、目的や働き方はそれぞれの高齢者に応じたものにすることが肝心であり、社会のためであれ、自分のためであれ、その活躍の場を確保し提供することが大事だという。

高齢者雇用政策の変化――なるべく働き続けよう

すでに「高齢者雇用安定法」なる法律が作られて、２００４年改正により、65歳までの雇用確保を確実なものにするべく、企業は、次の３つの措置のいずれかをしなければならない。

① 定年の廃止
② 定年の引き上げ
③ 継続雇用制度の導入

2014年時点ですでに、いずれかの措置を実施済みの企業が98・1%にのぼるという。そして、さらに近年では、「70歳まで働ける企業」推進プロジェクトが継続されている。調査結果によれば、60歳以上の約7割の人が「70歳以降までまたは働けるうちはいつまでも働きたい」と回答しており、さらに人生90年時代を迎えそうなわが国では、70歳ですらまだ若いといわれそうだから、それが現実的にも可能な条件がそろいつつある。

高齢者の生きがいと活躍の工夫――そのためには

『東大がつくった高齢社会の教科書』（78頁）では、さらに発想を進めて、次の3つの提案をしている。

① 生涯現役社会を作るために、アメリカでもEUでもすでに行われている、雇用における

年齢差別禁止法を作ろう。この法律の下では、具体的にいえば、あなたは65歳だからとか、70歳だからという理由で辞めさせることができなくなる。高齢者を一律に扱うのではなく、まさに個別的取扱いが求められる。

② 地域社会の中に高齢者の活躍場所を広く創造しよう。それぞれの地域で抱える課題を高齢者の力で解決するような取り組みが期待される。

③ 人生90年時代のライフ・デザインをそれぞれの高齢者が作ろう。そのためには、「働く・活躍する」「学ぶ」「楽しむ」という各要素のそれぞれで多様な選択肢を用意し、個々人に合った生き方のプランを作ることが期待される。

これらは、働き続けたい高齢者、何らかの社会参加を図りたい高齢者、すなわちいわゆるアクティブ・シニアにとって重要な提言であると思う。だが、他方で、ずっと会社勤めをしてきた人が、退職した後で新たな人間関係を作り上げてその中で活動するのは難しいと感ずることも多いだろう。長く勤めた会社（私の場合は学校だが）へ行く必要がなくなり、ずっと家にいて粗大ゴミ扱いされる姿が、自分の場合も目に浮かぶようである。

高齢社会を扱った本（『成功するシニアビジネスの教科書』２２６頁）で、執筆者のうちのある著者は、さまざまな人間関係を「縁」という言葉でまとめている。第1に血縁、第2に地縁、第3に社縁（職縁）。それに加えて、高齢者には「知縁」が大事だという。「知縁」は著者の造語であり、知的好奇心が結ぶ縁を意味する。現代において、他の縁は、高齢者にとって薄くなっていくか、あるいはそもそも薄い。だからこそ、「知縁」が重要になってくるという。著者はそれを機縁とするビジネスの成功例として、旅行会社クラブツーリズムのテーマ型旅行をあげる。いろいろなテーマ毎に旅行企画を掲げ、それぞれに関心を持つ人が集まってくる。共通の関心があるから、新たな知り合いができやすく、リピーターも増えるというわけである。

高齢者に関する法を作ることで、高齢者に生きがいや活躍の場を与えるのは至難の業である。だが、次のような提案もありうる。

わが国の場合、いわゆる会社人間が多い。しかも、会社の厚生年金すら公的年金化させて、企業に対し、定年に絡んで前述のような義務（定年の廃止、定年の引き上げ、継続雇用制度の導入という三択からの選択的義務）まで課すことが普通に行われる社会である（アメリカとは大きな違いがある）。そうであるなら、企業に対し、次のような義務を課したらどうだろうか。「各企業は、退職者に対し、継続的に雇用の機会を提供するための努力をするだけでなく、それに加えて、社会貢献や生涯学習の機会を提供する義務を負う」というような。

これは社縁（職業に関係した縁）が強い人にとって、会社と離れた後でも、その縁が継続し、しかも一緒に何らかの社会参加を図ることを可能にしようとするものである。地域で生きる存在として地縁を大事にするのももちろんよいことだが、そこでは活躍の場が見いだせない人にとって、ずっと容易に継続的な人間関係を維持する選択肢となりうるかもしれない。もちろん、もう会社における付き合いの継続はご免だという人にとっては意味をなさないが。

3　後世への最大遺物

内村鑑三に『後世への最大遺物』なる講演記録がある。箱根で行われた夏期学校での講話の記録だという。時は1894年。今から120年以上前の講話で、「満場大笑」や「拍手喝采」という文言も入っており、その場の雰囲気を伝える。本のタイトルは有名だが、私は読んだことがなかった。今でもきわめて読みやすいうえ、「長くなってつまらなくなったなら勝手にお帰りなすってください」と著者がはじめに述べているにもかかわらず、おそらく席を立った人はいなかっただろう。教室から、時々学生が席を立って出て行くのを見ることがある私などからすると、あらためて「内村鑑三、畏《おそ》るべし」である。

この講演のテーマは、自らの短い人生で（そこには「われわれの生涯がわずかこの五十年で消えてしまうものならば」という記述がある）何か一つくらい遺したい、遺せるとすれば遺すべきものは何か、である。

まずはお金である。それも億万の富を日本に遺して、日本を救いたいという考えをもっていたというのだから、内村鑑三のスケールはすごい。それどころか、金を遺すという考えを賤《いや》しいものだと考えるような人は、実は金に賤しい人だと喝破する。われわれの実際問題のほとんどは結局金銭問題であり、お金を遺そうとする考えは立派だ。何のために遺すかが重要だとして、フィラデルフィアの山中に孤児院を建てたフランス人の話などを紹介する。

しかし、誰でもが金を遺せるわけではない。そういう人は事業を遺すべきだという。事業がだめなら、文学で思想を遺す。あるいは先生になって何かを伝える。

ところが、これらがすべてできなくても、無用の人にはならないと内村は力説する。誰にも遺すことのできる最大遺物があるという。それはある人の生涯そのもの、今の言葉でいえば、それぞれの生き方とか生き様である。それも世間的にいうところの立派なものでなくてよい。むしろお金もない、友達もいない、学問もない、そういう不足に負けないで、どんなに小さなことでも何かを後世のために遺したといえるなら、それこそが最大遺物だというのである。

高齢社会における生きがいとか就労の課題も、その他の課題を含めて、そう簡単には解決しない。そういう状況を前にして、内村鑑三は勇気を与えてくれる。時代は内村の生きた頃とは様変わりである。今、内村が生きていれば、どんなことを語るだろうか。しかし、きっと同じことを語るように思うのである。

おわりに

高齢社会の問題の多くは、法律問題でもある。本書で扱った問題は、本当にその一部でしかない。しかも扱った問題すら、そのすべてを網羅しているわけでもない。

たとえば、他の事例をいくつか列挙してみよう。

① 市民農園を始める高齢者がいる。だが、そこに畑があるから、農作業をしてみようというわけにはいかない。「市民農園整備促進法」や「特定農地貸付法」が関係しており、利用できる農地も、市町村が指定した「市民農園区域」または都市計画法の「市街化区域」に限られる。

② 高齢者が外出する場合、さまざまな交通手段を利用する。すでに2000年、「高齢者、

身体障がい者等の公共交通機関を利用した移動の円滑化の促進に関する法律」(通称、交通バリアフリー法)が制定され、駅のエレベータ設置や、ノン・ステップ・バスの増加などが行われ、同法は2006年、「高齢者、障がい者の移動等の円滑化の促進に関する法律」(通称、バリアフリー新法)に引き継がれた。

③　高齢者と情報化の問題。2016年を期して、マイナンバー制度が開始される。いわゆる社会保障と税の一体改革の一環で、個人情報がさまざまに利用される際に、情報の突合が容易になる。同時に、自分の情報を自己管理できる体制が整備されるはずである。しかし、一般に情報弱者とされる高齢者が情報化の恩恵を受けるためには、何らかの助けを必要とするだろう。

これらに限らず、ほとんどの高齢者問題は法律問題でもある。冒頭で述べたように、それらに直面した時点で、それぞれの高齢者は困惑し助言を得たいと思うこともあるだろう。それを容易にするような仕組みを作るのが、超高齢社会における法と法律家の役目である。

たとえば、地域包括ケアシステムの整備が喧伝されている。主として、これまで連携の薄かった医療と介護や福祉の間を円滑につないで、地域の力で高齢者を見守るシステムを作るのが眼目である。これに、医療者や介護者、ソーシャル・ワーカー、と並べて、法律の専門家も加えてもらえないだろうか。

繰り返しいうが、これは何も裁判になるような事件を解決するためではない。そうではなく、法的な助言があれば、申請し損なっていた社会給付に気づくことや、その他何らかの紛争予防に意義があるのではないかと思うからである。だが、そのためには、法律家の方もある意味では総合診療医のように広汎な問題についての理解を必要とする。一人ですべてを解決できなくとも、どこにつなげばよいかを判断し、高齢者を支える能力の陶冶《とうや》もなければならない。そのようなワン・ストップ・サービスとしてのリーガル・サービスを提供する存在がそれぞれの地域の高齢者のためにあることは、超高齢社会に立ち向かうわが国の多くの人にとって心強い基盤を作ることになろう。

主な参考文献

はじめに

総務省の人口推計　２０１５年４月17日公表（２０１４年10月１日現在の推計値）

http://www.stat.go.jp/data/jinsui/2014np/index.htm

第１章　高齢者問題は法律問題

Lawrence Frolik & Richard Kaplan, *Elder Law in a Nutshell* (6th ed. West Academic Publishing 2014)

読売新聞２０１５年４月25日「高額医療・介護保険の支援制度を知らなかった市」

名古屋高裁平成26年４月24日判決、判例時報２２２３号25頁

名古屋地裁平成25年８月９日判決、判例時報２２０２号68頁

樋口範雄『アメリカ不法行為法』（第２版、弘文堂・２０１４年）

山口浩一郎・小島晴洋『高齢者法』（有斐閣・2002年）
岩村雅彦編『高齢化社会と法』（有斐閣・2008年）

第2章　超高齢社会の現状認識――法律家のあり方

高橋元監修・光多長温編『超高齢社会』（中央経済社・2012年）
国立社会保障・人口問題研究所「日本の将来推計人口（平成24年1月推計）」
http://www.ipss.go.jp/syoushika/tohkei/newest04/sh2401top.html
内閣府「平成27年版高齢社会白書」
http://www8.cao.go.jp/kourei/whitepaper/w-2015/html/zenbun/index-w.html
東京大学高齢社会総合研究機構『東大がつくった確かな未来視点を持つための高齢社会の教科書』（ベネッセコーポレーション・2013年）
吉村泰典『間違いだらけの高齢出産』（新潮社・2013年）
Lawrence Frolik & Richard Kaplan, *Elder Law in a Nutshell* (6th ed. West Academec Publishing, 2014)

第3章　高齢者医療と法

猪飼周平『病院の世紀の理論』（有斐閣・2010年）
樋口範雄『続・医療と法を考える――終末期医療ガイドライン』（有斐閣・2008年）
三瀬（小山田）朋子「医師付随情報の開示とインフォームド・コンセント――一九八〇年代アメリカにお

ける判例の展開」国家学会雑誌118巻1／2合併号111頁（2005年）
ジョージ・J・アナス（谷田憲俊訳）『患者の権利―患者本位で安全な医療の実現のために』（明石書店・2007年）
樋口範雄編著『ケース・スタディ生命倫理と法―医療のために、法ができることを考えよう』（第2版・有斐閣・2012年）
読売新聞の医療サイトyomiDr.2013年4月9日の記事「フランス終末期医療⑴胃ろうは治療」
会田薫子「食べられなくなったとき―胃瘻という選択肢の意味」、清水哲郎編『高齢社会を生きる―老いる人／看取るシステム』69頁（東信堂・2007年）
会田薫子『延命医療と臨床現場―人工呼吸器と胃ろうの医療倫理学』（東京大学出版会・2011年）
厚生労働省「終末期医療の決定プロセスに関するガイドライン」（平成19年5月）
http://www.mhlw.go.jp/shingi/2007/05/dl/s0521-11a.pdf
なおこのガイドラインは「人生の最終段階における医療の決定プロセスに関するガイドライン」と改称され、2015年3月の改訂版が最新のものとなっている。
http://www.mhlw.go.jp/file/06-Seisakujouhou-10800000-Iseikyoku/0000078981.pdf
尊厳死法案 http://mitomenai.org/bill（ただし、「尊厳死の法制化を認めない市民の会」のウェブページに掲載されている）
樋口範雄「認知症における終末期医療と法」日本精神科病院協会雑誌33巻5号511頁（2014年）
樋口範雄「終末期医療と法」医療と社会25巻1号21頁（医療科学研究所・2015年）

朝日新聞2015年4月8日「高齢者、減らせ『残薬』『年475億円分』の推計も」
鈴木隆雄『超高齢社会の基礎知識』（講談社現代新書・2012年）
大蔵暢『「老年症候群」の診察室――超高齢社会を生きる』（朝日選書・2013年）

第4章　高齢者と成年後見制度

朝日新聞2015年4月5日「自治体の後見申請急増　身寄りない認知症高齢者の財産保護」
Lawrence A. Frolik, "How to Avoid Guardianship for Your Clients and Yourself!" (August 22, 2013). *Experience*, Vol. 23, p. 26, 2013; U. of Pittsburgh Legal Studies Research Paper No. 2013-27. Available at SSRN:http://papers.ssrn.com/sol/papers.cfm? abstract-id = 2314589
関ふ佐子「アメリカ高齢者法の沿革」横浜国際経済法学第16巻第2号33頁（2008年2月）
樋口範雄『アメリカ代理法』（弘文堂・2002年）

第5章　高齢者と住まい――終の住処の選び方

朝日新聞2015年2月7日「高齢者への住宅貸し渋りに一手　文京区」
岡本典子『後悔しない高齢者施設・住宅の選び方』（日本実業出版社・2014年）
吉田修平法律事務所編著『Q&Aサービス付き高齢者向け住宅のすべて』（金融財政事情研究会・2011年）
朝日新聞2014年4月20日「有料ホーム　賢く選ぶ」

延命法律事務所編『高齢者のための法律相談――老後の不安をなくすために』（法学書院・２０１１年）

石戸屋豊他編著『Ｑ＆Ａ高齢社会の消費者トラブル――悪質商法、ネット取引、投資被害、保険、住まい、葬儀・お墓、振り込め詐欺』（日本加除出版・２０１４年）

中野妙子「介護保険法および障害者自立支援法と契約」季刊社会保障研究45巻1号14頁（２００９年）

松井孝太「米国における継続的ケア付高齢者コミュニティ（ＣＣＲＣ）の現状と課題」平成26年度杏林大学杏林ＣＣＲＣ研究所紀要18頁（２０１５年）

樋口範雄「特別養護老人ホームへの入所契約書の検討―アメリカの類似の契約と比較して」平成26年度杏林大学杏林ＣＣＲＣ研究所紀要44頁（２０１５年）

Nina A.Kohn, *Elder Law: Practice, Policy, and Problems*（Wolters Kluwer Law&Business, 2013）

マサチューセッツ州のナーシング・ホームモデル入居契約書
http://www.umb.edu/editor_uploads/images/centers_institutes/institute_gerontology/Model_nursing.pdf

メリーランド州のナーシング・ホームモデル入居契約書
http://dhmh.maryland.gov/ohcq/LTC/Docs/Resident%20agreement%202012.pdf

Nursing Home Reform Act included in Omnibus Budget Reconciliation Act of 1987 (42 U.S.C. §1396r). その概要は、たとえば、アメリカ退職者連盟（AARP, American Association of Retired Persons）のホームページの左記サイトで見ることができる。
http://www.aarp.org/home-garden/livable-communities/info-2001/the_1987_nursing_home_reform_act.html

熊本市介護サービス標準契約書 http://www.city.kumamoto.jp/html/kaigo/kaigosaervishiyouzyunkeiyasyomenu.htm

産経新聞２０１５年4月11日「首相、日本版ＣＣＲＣ『全国展開』を　北陸新幹線初乗車し地方創生の先進事例視察」
首相官邸「日本版ＣＣＲＣ構想有識者会議（第1回）」
http://www.kantei.go.jp/jp/singi/sousei/meeting/ccrc/h27-02-25.html
朝日新聞２０１５年2月16日「(報われぬ国　負担増の先に) 有料老人ホーム　不明瞭な『料金』徴収」
Seabrook Village v. Murphy, 835 A.2d 280 (N.J. 2004)
産経新聞２０１５年6月1日「ＣＣＲＣ有識者会議が基本提言　一般的退職者の入居を想定」
日本版ＣＣＲＣ構想有識者会議（第7回）「日本版ＣＣＲＣ構想素案（概要）」（２０１５年）
https://www.kantei.go.jp/jp/singi/sousei/meeting/ccrc/h27-08-03-sankou1.pdf
内閣官房「まち・ひと・しごと創生会議」資料「東京在住者の今後の移住に関する意向調査」の結果概要について（２０１４年）http://www.kantei.go.jp/jp/singi/sousei/souseikaigi/h26-09-19-siryou2.pdf
三井住友信託銀行調査月報「急増するサ高住の実態と課題」（２０１３年10月号）
朝日新聞２０１５年2月7日「高齢者への住宅貸し渋りに一手　文京区」
総務省統計局「平成25年住宅・土地統計調査（速報集計）」http://www.stat.go.jp/data/jyutaku/2013/10_1.htm
大月敏雄＋住総研編著『近居――少子高齢社会の住まい・地域再生にどう生かすか』（学芸出版社・２０１４年）
小野太一『社会保障、その政策過程と理念』（社会保険研究所・２０１４年）

第6章　高齢者の経済的基盤・財産の承継

Lawrence Frolik & Richard Kaplan, *Elder Law in a Nutshell* (6th ed. West Academic Publishing, 2014)
東京大学高齢社会総合研究機構『東大がつくった確かな未来視点を持つための高齢社会の教科書』（ベネッセコーポレーション・2013年）
みずほ総合研究所『図解　年金のしくみ―年金制度の問題点を理解するための論点40』（第6版、東洋経済新報社・2015年）
日本経済新聞2015年3月14日「AIJ事件『詐欺で会社延命』元社長ら3人、二審も有罪判決」
朝日新聞2015年3月2日「（報われぬ国　負担増の先に）厚生年金基金の解散　払い続けた年金、消えた」
樋口範雄「AIJ問題が示唆するもの―信認法なき社会」旬刊商事法務2012号16頁（2012年12月15日号）
石垣修一『企業年金運営のためのエリサ法ガイド』（中央経済社・2008年）
樋口範雄『フィデュシャリー［信認］の時代　信託と契約』（有斐閣・1999年）
タマール・フランケル（溜箭将之監訳、三菱UFJ信託銀行 Fiduciary Law 研究会訳）『フィデューシャリー―「託される人」の法理論』（弘文堂・2014年）
厚生労働省「厚生年金基金の資産運用関係者の役割及び責任に関するガイドライン」（平成9年4月2日年発第2548号）
大阪地裁1998年6月17日判決（日本紡績業厚生年金基金事件）、労働判例751号55頁、労働経済判

例速報1677号14頁
中嶋邦夫「(公的年金)：公的年金の改定ルールの再確認と見直しの方向性」ニッセイ年金ストラテジー226号6頁（ニッセイ基礎研究所・2015年）
http://www.nli-research.co.jp/report/pension_strategy/2015/vol226/str1504d.pdf
駒村康平『日本の年金』（岩波新書・2014年）
内閣府『平成26年版　高齢社会白書』（内閣府・2014年）
最高裁『裁判の迅速化に係る検証に関する報告書（第5回）』6社会的要因の検証　4・3遺産紛争（2013年）http://www.courts.go.jp/vcms_lf/20524011.pdf
日本経済新聞2012年9月5日「『資産がない』家でトラブル多発、大相続時代の心構え」
ゆうちょ銀行「相続手続き」http://www.jp-bank.japanpost.jp/kojin/tetuzuki/sozok/kj_tzk_szk_index.html
日本弁護士連合会高齢社会対策本部編『超高齢社会におけるホームロイヤーマニュアル』（改訂版、日本加除出版・2015年）
延命法律事務所編『高齢者のための法律相談―老後の不安をなくすために』（法学書院・2011年）
加藤洋美「公正証書遺言の効力が争われた事例について」学習院法務研究第7号91頁（2013年）
東京高裁平成25年3月6日判決、判例時報2193号12頁
東京高裁平成22年7月15日判決、判例タイムズ1336号241頁
樋口範雄『入門　信託と信託法』（第2版、弘文堂・2014年）
遠藤英嗣『新しい家族信託―遺言相続、後見に代替する信託の実際の活用法と文例』（増補版、日本加除

出版・2014年）
笹島修平『信託を活用した新しい相続・贈与のすすめ―Q&Aと図解　税務と実務に対応した詳細解説』（改訂版、大蔵財務協会・2013年）
Daniel M. Schuyler, "The Fiduciary Must Know The Law," 56 *Nw. U. L. Rev.* 177, 189 (1961).
タマール・フランケル（溜箭将之監訳、三菱UFJ信託銀行Fiduciary Law研究会訳）『フィデューシャリー――「託される人」の法理論』（弘文堂・2014年）

第7章　高齢者をめぐるさまざまな課題

NCEA（National Center on Elder Abuse）のホームページ　http://www.ncea.aoa.gov/index.aspx
Lawrence Frolik & Richard Kaplan, *Elder Law in a Nutshell* (6th ed. West Academic Publishing, 2014)
内閣府『平成26年版　高齢社会白書』（内閣府・2014年）
内閣府『平成27年版　高齢社会白書』（内閣府・2015年）
厚労省「平成25年度　高齢者虐待の防止、高齢者の養護者に対する支援等に関する法律に基づく対応状況等に関する調査結果」http://www.mhlw.go.jp/stf/houdou/0000072782.html
樋口範雄「アメリカ法から見た児童虐待防止法」ジュリスト1188号41頁（2000年）
樋口範雄「児童虐待と法的対応」家庭科学57巻4号4頁（1991年）
日本弁護士連合会高齢者・障害者の権利に関する委員会編『高齢者虐待防止法活用ハンドブック』（第2版、民事法研究会・2014年）

大渕修一監修『高齢者虐待対応・権利擁護実践ハンドブック』（法研・2008年）
日本社会福祉士会編『市町村・地域包括支援センター・都道府県のための養護者による高齢者虐待対応の手引き』（第2版、中央法規出版・2011年）
日本社会福祉士会編『市町村・都道府県のための養介護施設従事者等による高齢者虐待対応の手引き』（中央法規出版会・2012年）
東京大学高齢社会総合研究機構『東大がつくった確かな未来視点を持つための高齢社会の教科書』（ベネッセコーポレーション・2013年）
村田裕之『成功するシニアビジネスの教科書―「超高齢社会」をビジネスチャンスにする〝技術〟』（日本経済新聞出版社・2014年）
小尾敏夫・岩崎尚子『超高齢社会の未来　IT立国日本の挑戦』（毎日新聞社・2014年）
内村鑑三『後世への最大遺物・デンマルク国の話』（岩波文庫・2011年）

おわりに

農林水産省のホームページで「市民農園を開設するには」と題するもの
http://www.maff.go.jp/j/nousin/nougyou/simin_noen/s_kaisetu/index.html
国土交通省のホームページで「安心して移動できる社会を目指して」と題するもの
http://www.mlit.go.jp/sogoseisaku/barrier/mokuji_.html
東京大学高齢社会総合研究機構編『地域包括ケアのすすめ―在宅医療推進のための多職種連携の試み』

（東京大学出版会・２０１４年）
日本弁護士連合会高齢社会対策本部『超高齢社会におけるホームロイヤーマニュアル』（改訂版、日本加除出版・２０１５年）

謝辞

２０１４年の高齢者法でゲストとしてお話ししてくれた人のリストを掲げる。

第１回　人口構造の変容の諸相とインパクト（政策研究大学院、島崎謙治氏）

第２回　医療上の決定（終末期医療）（東大文学部死生学講座　会田薫子氏）

第３回　在宅での医療（全国訪問看護事業協会　伊藤雅治氏）

第４回　高齢者への医療給付制度・介護保険制度など（高齢社会総合研究機構　辻哲夫氏）

第５回　高齢者の住まい、特養・療養施設など（国立社会保障・人口問題研究所　小野太一氏）

第６回　高齢者の住宅問題（国土交通省住宅局安心居住推進課　中田裕人氏）

第7回　成年後見と成年後見に代わる制度（弁護士　牛嶋勉氏）
第8回　財産管理と信託・相続（三井住友信託銀行法務部　早坂文高氏）
第9回　年金（ニッセイ基礎研究所　中嶋邦夫氏）
第10回　高齢者と職業・社会参加（前掲、小野太一氏）
第11回　情報化の進展と高齢者（東大工学部・情報理工　檜山敦氏）
第12回　高齢者と移動・交通（東大工学部　鎌田実氏）
第13回　高齢者虐待・高齢者と犯罪（弁護士　野崎薫子氏）

あらためてこれらの人に深く感謝申し上げる。本書が成るに当たっては、これらの人の教えが不可欠だった。もちろん本書の記述に誤りがあれば、それは私の責任だが。またこの授業には、萩尾博信氏や岩井完氏なども参加してくださり、助言をいただいた。

最後に、本書刊行にまさに尽力してくださった朝日新聞出版書籍編集部の矢坂美紀子さんに感謝し、本書を閉じることにしたい。

樋口範雄

樋口範雄（ひぐち・のりお）
1951年新潟県生まれ。東京大学法学部卒。現在、東京大学大学院法学政治学研究科教授。専門は英米法、医事法、信託法。厚労省社会保障審議会医療部会委員、法務省法制審議会（信託法部会）委員、厚労省「終末期医療の決定プロセスのあり方に関する検討会」座長など。著書に、『親子と法』（弘文堂・日米友好基金賞）、『アメリカ契約法』（弘文堂）、『医療と法を考える』（正続・有斐閣）、『入門　信託と信託法』（弘文堂）、編著に『ケース・スタディ生命倫理と法』、『医療の法律相談』（ともに有斐閣）など。東京大学高齢社会総合研究機構の一員として、高齢者法を教えている。

朝日選書 939

超高齢社会の法律、何が問題なのか

2015年12月25日　第1刷発行

著者　樋口範雄

発行者　首藤由之

発行所　朝日新聞出版
〒104-8011　東京都中央区築地5-3-2
電話　03-5541-8832（編集）
03-5540-7793（販売）

印刷所　大日本印刷株式会社

Published in Japan by Asahi Shimbun Publications Inc.
ISBN978-4-02-263039-1
定価はカバーに表示してあります。

落丁・乱丁の場合は弊社業務部（電話03-5540-7800）へご連絡ください。
送料弊社負担にてお取り替えいたします。

光る生物の話
下村 脩
発光生物の華麗な世界を、ノーベル化学賞受賞者が解説

病から詩がうまれる
看取り医がみた幸せと悲哀
大井 玄
終末期の苦しみに寄り添い、詩歌が癒やす心をみつめる

平安人の心で「源氏物語」を読む
山本淳子
平安ウワサ社会を知れば、物語がとびきり面白くなる！

東大で文学を学ぶ
ドストエフスキーから谷崎潤一郎へ
辻原 登
東大生に人気の授業が本に。学生の課題リポートも収録

asahi sensho

官房長官 側近の政治学
星 浩
仕事範囲、歴代のタイプ・手法を分析し、政治構造を解剖

溺れるものと救われるもの
プリーモ・レーヴィ著／竹山博英訳
生還後の40年間、考え抜いて綴った自らの体験

マラソンと日本人
武田 薫
金栗四三、円谷幸吉、瀬古利彦……何を背負って走ったか

マヤ・アンデス・琉球
環境考古学で読み解く「敗者の文明」
青山和夫／米延仁志／坂井正人／高宮広土
環境変動をいかに乗り越え、自然と共生したか